R ONGQUANMAIKONG
JIAOYISHIZHANJIFA

融券卖空
交易实战技法

RONGQUANMAIKONG
JIAOYISHIZHANJIFA

乔宁泰 代东霞 著

经济管理出版社
ECONOMY & MANAGEMENT PUBLISHING HOUSE

图书在版编目（CIP）数据

融券卖空交易实战技法/乔宁泰，代东霞著. —北京：经济管理出版社，2019. 1
ISBN 978-7-5096-6335-6

Ⅰ.①融… Ⅱ.①乔… ②代… Ⅲ.①证券投资—基本知识 Ⅳ.①F830. 91

中国版本图书馆 CIP 数据核字（2019）第 006687 号

组稿编辑：杨国强
责任编辑：杨国强　王　洋
责任印制：高　娅
责任校对：王淑卿

出版发行：经济管理出版社
　　　　　（北京市海淀区北蜂窝 8 号中雅大厦 A 座 11 层　　100038）
网　　址：www. E-mp. com. cn
电　　话：（010）51915602
印　　刷：玉田县昊达印刷有限公司
经　　销：新华书店
开　　本：720mm×1000mm/16
印　　张：13.5
字　　数：227 千字
版　　次：2019 年 1 月第 1 版　　2019 年 1 月第 1 次印刷
书　　号：ISBN 978-7-5096-6335-6
定　　价：48.00 元

序 一

  《融券卖空交易实战技法》即将付梓成书，作者特邀我为之作序。细读书稿，本书确实是一本心血之作。

  作为证券界资深的从业者，我见证了中国证券市场的风风雨雨。2010 年先后推出了融资融券与股指期货业务，这是我国 A 股市场交易制度改革与完善的重要里程碑。

  诚如作者所言，金融市场的重要法则之一即是"看对方向便可获利"，双边交易制度的完善是资本市场的内在必然要求。两融业务推出之后，市场规模发展迅猛，已成为券商的一项重要创新业务。但是，目前融资与融券的结构不均衡，融券业务比重过小的情况依然存在。这主要是受制于券源及做多的思维习惯等因素的影响。虽然目前做空亦非市场主流，但是将来随着我国资本市场的逐步开放，如期权等金融衍生产品的逐步推出，看空做空大有可为，投资者很有必要掌握一些做空的操作技巧。

  市场上的股票投资类书籍浩如烟海，但其中系统性介绍融券卖空交易实战技巧的作品可谓少之又少。常见的一些书籍多是国外作品，语言风格等方面不太适合国内读者。针对 A 股市场的融券交易，本书可谓标新立异，书中全面系统地阐述了融券卖空的交易体系，对交易规则、交易风险、交易要点与当冲、套利、对冲等交易策略做了深入浅出的解析；并且结合大量的案例图解，详细讲解了融券交易的开仓、止损、止盈、加减仓等交易要点，具有很高的实战价值。我很认同书中关于融券交易分析思路的观点以及多空对冲的交易策略。

  本书通俗易懂，有一定证券基础知识或操作实践的读者都会很容易理解书中内容。虽然书中仍有一些疏漏之处，但整体上仍是一本值得证券从业者和两融投资者阅读的好书，值得推荐。

特此作序。

董 祥

大同证券董事长

序 二

我国股票市场经历了近30年的发展，市值规模最高时曾达到约45万亿元，位列世界第三。股票市场在为经济增长、企业转型做出贡献的同时，也孕育了大量的中介机构、投资机构和散户投资者，目前我国散户投资者数量已经达到1.45亿人。中国的股票市场是在不断纠错和改革中成长起来的，制度、法规越来越完善，上市公司优胜劣汰机制逐步形成，市场的定价功能越来越准确，信号反应越来越敏感。

我国股票市场融资融券业务从2010年3月开始运作，2015年牛市最高峰时沪深两市融资余额合计2.27万亿元，目前余额7665亿元。而融券的规模与融资规模相比，仅相当于后者的零头，2015年市场最火爆的时候也只有103亿元。

在股票市场上，对于很多投资者来说，股票的投资就是低买高卖，或者获取分红收益。牛市是多数投资者欢迎的，而熊市是大家不愿意看到的。但这种传统的投资方式，限制了投资者的获利方式和投资策略的多样性。然而，在期货、期权市场中，都是可以双向交易的，既可以做多——低买高卖，也可以做空——高卖低买来获利，还可以有多种策略进行组合选择。

近年来，我国相继推出了股指期货、50ETF期权以及融券等多种可以进行对冲和做空的投资工具。这些投资工具的推出，为多种策略、多种获利方式的产生创造了机会。这些投资工具的推出，受到了很多机构投资者的欢迎，也逐步催生了中国的股票量化投资策略和投资者群体。但是，对于多数普通投资者来说，这些投资工具好像过于高深，不易理解和操作。

股票的融券做空行为，在我国2015年"股灾"中被限制使用，此后融券规模一直很小。其实，融资行为是对市场做多上涨的推动，而融券行为是对市场做多的抑制，在一定程度上可以限制整个市场或者部分股票的非理性上涨。2018年是全球市场最为惨淡的一年，在目前低迷的市场环境下，做多和融资等传统的投资思路，面临巨大的风险，多数传统投资策略的基金公司和投资者都是亏损的。而融券做空反而具备较大的盈利可能。

卖空股票的投资行为在美国已经非常普遍，这是对于上市公司的一种监督和警示，随时有投资者会找那些可能存在问题的公司，进行做空投机。如果这些被做空的公司真的存在问题，那么这些投机者在做空的同时，也变成了一个市场监督员的角色，把一些不好的公司清除出市场。如果这些被做空的公司问题没有那么严重，这些公司也不会被做空力量打垮，反而在市场空头的压力下，努力改善经营，让公司变得越来越好。例如，美国的特斯拉公司就是一些投资者重点做空的对象，这也迫使公司管理层更加敬业，不断努力改善经营状况，以达到市场的期望，争取不被市场打倒。所以，从这个角度来看，做空行为是有其积极的一面的。

乔宁泰、代东霞所著《融券卖空交易实战技法》一书，是两人根据多年实战经验和理论积淀而形成的。书中不仅详细介绍了融券的概念、法规、历史、特点、风险，还展示了融券的交易方法、套利交易策略和对冲交易策略等，对于融券卖空实战交易具有很好的参考价值。

本书也对融券投资方法和做空的投资理念，以及套利、对冲等策略思想进行了传播，做出了一定的贡献，希望能让更多的投资者正确地认识和对待股票做空行为，让更多的投资者能够运用合理、合规的融券做空策略。股票做空行为的推广，能够监督和激励上市公司管理层更加勤勉敬业，推动上市公司质量提升，为投资者创造更多的价值，并推动市场良性发展。

陈　健

西安工业大学经管学院金融学教授、金融研究所所长

前　言

在我国证券市场的发展历史上，2010 年是一个值得纪念的年份，因为在这一年里先后推出了融资融券与股指期货，这标志着我国 A 股市场单边做多的交易制度缺陷的消除，市场交易制度得到完善，是我国资本市场改革发展进程中的又一重要里程碑。

在这之前，我国 A 股市场是只能做多不能做空的单边市，投资者只能通过看多买进才能获利；当看空市场时只能选择空仓观望，而无法通过做空机制来获利；这显然与金融市场的法则——看对方向便可获利——相悖，单边市也是市场暴涨暴跌的一个重要原因。

股票卖空的历史比华尔街的历史还要长，距今已有 400 余年的历史，最早可以追溯到 17 世纪初的荷兰，期间几经周折，交易制度现已相当完善，融资融券已成为证券市场最基础的业务之一。然而，因为股票卖空收益的前提是股价下跌，意味着在他人的亏损中获利。所以，股票卖空者被认为是"损人利己"，被指责是"不道德的"。

其实，对股票卖空的指责是一种偏见。做空只是遵循顺势而为的一种投资方式，本质上并不是什么不道德的事。老子《道德经》曰：有无相生，难易相成。那么体现在金融市场上，多即是空，空即是多，多空之间是相互依存、相互转换的关系：多头平仓卖出时即变成空头，而空头平仓买入即变成多头，这种交易机制在外汇及期货市场上相当普遍。历史上通过做空获取巨利的投资家也比比皆是。1929 年，杰西·利弗莫尔做空美股，在很短时间内，狂赚 1 亿多美元，堪称是金融交易史上最成功的交易之一——大概只有 1992 年索罗斯做空英镑获利 10 亿美元可以与之相媲美。在 2007~2009 年的世界金融危机中，绝大多数投资者亏损累累，而一些目光敏锐的基金经理却通过做空大获其利。2007 年，对冲基金经理约翰·保尔森通过做空次级债券市场大赚 37 亿美元，一举超越量子基金创始人乔治·索罗斯，成为全球收入最高的对冲基金经理第一人。2008年，当次贷危机全面升级，保尔森管理的其中一只对冲基金的投资回报率达到令人难以置信的590%，是史上年回报率最高的对冲基金。被称为"雷曼猎手"的艾因霍恩，利用旗下基金大举做空当时位列美国前五大投行中的贝尔斯登公司和雷曼兄弟公司，半年后，这两大投行巨擘轰然倒下，此笔投资获得的收益超过10亿美元。电影《大空头》（The Big Short）就是以他们为原型，讲述了华尔街圈外的几位投资"鬼才"在次贷危机前预见到房价泡沫的破灭，通过做空次贷CDS（信用违约掉期），在随后的金融危机时期获得暴利。投资大师罗杰斯不但善于做多也善于做空，他认为"做空和做多一样，都是必不可少的"。其经典一战是以130美元/股的价格做空雅芳公司的股票，并于一年后以低于25美元/股的价格平仓。詹姆斯·查诺斯，全球最大的空头基金公司尼克斯联合基金公司总裁，是华尔街顶级做空大师，2001年以做空安然公司一战成名。如果说巴菲特是靠"买入并持有"策略长期做多股票赚钱的投资大师，那坚持"卖空并等待"策略靠长期做空股票赚钱的查诺斯则是巴菲特的镜像。近年来，诸如浑水、香橼、格劳克斯研究等机构依据"浑水模式"做空，即"发现疑点—精密调研—建立空头头寸—发布做空报告—下跌后平仓"，大行其道，颇有建树。

A股双向交易机制的推出，使看空并做空获利得以实现，但投资者要参与其中，首先，必须树立空头思维。所谓空头思维，并不是多头思维的简单反向，它包含"看空并做空"两层意思：一是行情不再看涨，对已有持仓及时平仓；二是行情看跌，择机融券卖空，下跌后回补平仓。其次，投资者要熟练掌握融券交易技巧。大多数中小投资者因为长期形成了看多做多的操作习惯，无形之中变成"死多头"，缺乏空头思维与做空技巧，一旦空头行情来临便损失惨重。目前在A股市场，股票做空是通过融券卖空（本书的主题）来实现的。传统的股票交易，简单地说就是要通过低买高卖，获取中间的差价来实现投资回报；而融券卖空恰恰相反，是通过高卖低买获得价差收益的。从这一点来说，操作融券卖空需要有与做多相反的投资逆思维，即通过股价下跌获利；否则，一旦股价上涨，那卖空者就面临着在价格高位买券还券的风险，这将导致投资损失。融券卖空还有一点和传统股票交易不一样的是，融券卖空交易是有杠杆的股票信用交易，融券卖空者必须通过向券商借入股票才可卖空，并为这种借贷行为付出一定的利息，因此交易成本较一般股票交易要高。

无论做多还是做空，市场风险无处不在。融券卖空的风险也是相当大的，因为从理论上讲，融券卖空的风险是无限的——原因在于股价的上涨理论上是没有顶的。如果融券卖空一只诸如腾讯这类屡创新高的股票，结局无疑是相当悲惨的。想要融券卖空来盈利，必须建立一套切实可行的操作策略，并且坚定不移地执行。

目前，论述做空操作技巧方面的书籍绝大多数是国外作品，无论是语言风格还是书籍结构都不大适应国内读者。笔者经过几年的梳理和总结，最终将这本心血之作面世。

本书重点阐述了融券交易的特点、风险、交易规则、交易要点以及单边做空、当冲、套利、对冲等交易技巧；从宏观层面基本面分析、中观层面的行业分析到微观层面个股分析再到技术面，全面系统地阐述了各种常用的融券卖空技法，同时对每种技法均进行了相应的案例图解分析，使读者能够一目了然，在短期内熟悉融券卖空的操盘技巧，积累一定的经验，少走弯路。

正所谓"兵无常势，水无常形"，本书所涉及的内容尽管对实战有一定的指导意义，但仍希望读者灵活应用，切不可轻易照搬模仿。当然，由于笔者水平有限，而证券投资又是博大精深，因此书中的错漏在所难免，恳请广大读者在阅读中不吝赐教，笔者将在改版时予以补充和修正。

本书的编写借鉴和参阅了大量的参考文献，在此，谨向各位专家和学者表示衷心的感谢！经济管理出版社的杨国强老师为本书的顺利出版提供了大量宝贵的资料和建议，在此表示感谢！

若本书能给您带来些许启发，笔者即颇感欣慰了。

目　录

第一章　卖空的内涵 ……………………………………………………… 1

　第一节　卖空与卖空机制的基本内涵 ………………………………… 1

　　一、卖空的概念 …………………………………………………… 1

　　二、卖空的历史 …………………………………………………… 3

　第二节　卖空机制在我国股市中的发展历程 ………………………… 5

　　一、法律障碍的逐步清除 ………………………………………… 5

　　二、引入做空机制前的制度建设和市场准备 ………………… 6

　　三、融资融券业务和股指期货业务正式开展 ………………… 7

　第三节　引入卖空机制对我国股票市场的影响 …………………… 7

　　一、稳定市场功能 ………………………………………………… 7

　　二、价格发现功能 ………………………………………………… 8

　　三、提供流动性功能 ……………………………………………… 8

　　四、抑制市场投机 ………………………………………………… 8

　　五、提高市场的公平和效率 …………………………………… 9

　　六、对冲市场风险 ………………………………………………… 9

　第四节　我国融资融券业务发展及现状分析 ……………………… 9

　　一、我国融资融券发展历程 …………………………………… 9

　　二、我国融资融券业务的发展现状 ………………………… 11

第二章　融券卖空交易概述 ……………………………………………… 15

　第一节　融券交易的概念 …………………………………………… 15

　第二节　融券交易的特点 …………………………………………… 16

一、融券交易是信用交易 ·· 17

二、融券交易具有金融杠杆交易特点 ································ 17

三、交割方式与现货交易原则相一致 ································ 17

四、保证金比例是调节交易规模的重要工具 ···················· 17

五、与证券公司的法律关系与普通的股票交易存在较大差异 ··· 18

六、融券交易催生新的盈利模式 ···································· 18

七、"浑水"式的盈利模式 ·· 19

第三节　融券卖空的交易风险 ·· 22

一、无限损失风险 ·· 22

二、突发事件的风险 ·· 23

三、强制平仓风险 ·· 24

四、监管风险 ··· 24

第四节　融券卖空的交易流程 ·· 25

第五节　融券卖空的一般交易规则 ······································ 26

一、报升规则——融券卖空最为特殊的交易规则 ················ 26

二、必须维持最低保证金比例 ·· 27

三、信用证券账户有相应的交易权限 ······························ 29

四、其他相关规则 ·· 29

第六节　资券变化与股价涨跌的关系 ··································· 30

一、资券同增 ··· 30

二、资增券减 ··· 30

三、资减券增 ··· 31

四、资减券减 ··· 31

第三章　融券卖空的交易体系 ··· 33

第一节　树立正确的投资理念 ·· 33

一、养成良好的投资心态 ·· 33

二、遵守严格的投资纪律 ·· 38

三、善于学习与总结 ·· 39

第二节　建立一套融券交易体系 ··· 39

一、制订融券交易计划 ················ 40

二、融券交易止损位的操作技巧 ············ 40

三、融券交易止盈位的操作技巧 ············ 44

四、融券交易的资金管理方法 ············· 47

第四章 融券卖空的交易要点 ·············· 51

第一节 融券交易的学习方法 ·············· 51

第二节 融券交易的操作原则 ·············· 51

第三节 哪些股票适合卖空 ··············· 54

一、"黑天鹅"事件存在卖空的机会 ········· 54

二、有欺诈行为的上市公司是很好的做空标的 ····· 58

三、其他利空 ···················· 59

四、板块出现实质性利空 ··············· 59

五、周期性行业——适宜卖空 ············· 60

六、熊市中适合卖空的股票首选牛市的龙头股 ····· 60

七、放空紧盯弱势股 ················· 60

第四节 哪些股票不宜卖空 ··············· 61

一、流动性差的股票不宜卖空 ············· 61

二、走上升通道的股票不宜卖空 ············ 61

三、融券余额较大的股票不宜卖空 ··········· 61

四、强势股不宜卖空 ················· 63

第五节 融券交易注意事项 ··············· 63

第五章 基本面融券卖空分析 ·············· 65

第一节 宏观经济分析 ················· 65

一、宏观经济运行分析的主要方面 ··········· 66

二、经济政策分析 ·················· 68

三、国际重大政治经济事件对 A 股产生影响 ······ 74

四、人民币汇率的波动影响 A 股市场 ········· 74

第二节 行业分析 ··················· 76

一、经济周期与行业分析 ················ 76

二、行业生命周期分析 ················· 77

三、影响行业兴衰的主要因素 ············· 78

四、融券卖空之行业（板块）投资的选择 ········ 80

第三节　公司分析 ···················· 84

一、公司基本素质分析 ················· 85

二、公司重大事项分析 ················· 85

三、公司财务分析 ··················· 86

第六章　技术面融券卖空分析 ·············· 93

第一节　技术分析的本质和内涵 ············· 93

一、市场行为涵盖一切信息 ·············· 94

二、价格呈趋势运动 ·················· 94

三、历史会重演 ···················· 94

第二节　融券卖空的技术分析思路 ············ 95

第三节　空头行情的判断方法、特征与典型信号 ····· 97

一、空头行情的判断方法 ··············· 97

二、空头行情的特征 ·················· 98

三、空头行情的四大典型信号 ············· 98

第四节　融券交易思维的两条主线 ············ 104

一、识别顶部融券卖空 ················· 105

二、利用下跌中继形态融券卖空 ············ 138

三、顶部形态演变为中继形态的卖空时机 ········ 150

四、应用形态融券卖空的操作总结 ··········· 153

第五节　融券卖空交易的其他工具 ············ 155

一、K线卖空 ····················· 155

二、跌破重要趋势线（支撑线）融券卖空 ········ 169

三、跌破中长期重要均线 ··············· 172

四、三线死叉融券卖空 ················· 172

五、利用假突破融券卖空 ··············· 173

六、黄金分割在融券卖空中的应用 …………………………… 174

第七章　融券卖空与当日冲销 ………………………………… 177

　　一、利用融券卖空锁定当日利润 ……………………………… 177

　　二、利用融券卖空及时停损 …………………………………… 179

　　三、当日冲销的基本操作原则 ………………………………… 181

第八章　融券卖空的套利交易策略 …………………………… 183

　　一、套利交易的概念 …………………………………………… 183

　　二、常见的六种融券套利模式 ………………………………… 183

第九章　融券卖空的多空对冲交易策略 ……………………… 189

　　一、融券对冲交易的特征 ……………………………………… 189

　　二、多空对冲交易策略 ………………………………………… 190

第一章　卖空的内涵

第一节　卖空与卖空机制的基本内涵

一、卖空的概念

在发达的金融市场中，卖空是非常普通的一种交易机制。我们这里主要讨论的是股票卖空。对于卖空的概念，可以参考美国证券交易委员会 SEC3B-3 规则对卖空的定义：“卖空（Shortsales）交易是指投资者出售自己并不拥有的证券的行为，或者投资者用自己的账户以借来的证券完成交割的任何出售行为。”股票市场上的卖空交易，是股票市场上主动性做空的一种方式，即投资者卖出通过合法手段借入的股票，再以更低的价格买进并归还经纪人而获取差价收益。若投资者预计某只股票的价格即将下跌，便可以通过借入股票并卖出，未来以更低的价格买回并归还借入的同数量的股票，从中获得差价收益。但是，一旦该股票的价格不跌反涨，那么卖空者就面临着被迫在高价位买回该股票的风险，这将导致发生投资损失。卖空的前提是投资者必须借入证券，一般是通过向证券经纪商或机构投资者借券来实现的，并为此支付一定的利息。所以，从本质上讲，卖空交易是一种信用交易，因为证券的借贷实际上就是一种信用——通常采用的是保证金信用交易的形式，即卖空者需要在账户上拥有一定价值的证券或现金（作为抵押品）才可以借入证券再进行卖出。在实际操作中，把向证券经纪商融入资金称为“融资交易”，即当投资者资金头寸不足，通过向证券经纪商贷款的一种交易方式，早期也把这一交易称为“垫头交易”。与此相对，卖空交易也被称为“融券交易"，这种交易不同的是投资者不是借入资金，而是借入证券，归还的也是同种类、同数量的证券。实际上，"融券交易"与"融资交易"是两种反向的交易方式，"融资交易"是预期证券价格上涨而买入证券，而"融券交易"则是预期价格下跌而卖出证券；前者是"低吸高抛"，后者是"高抛低补"。

卖空机制，又叫作空机制，是与做空紧密相连的一种运作机制，证券市场的做空机制是指投资者看空股票指数或者某些个股，可以利用某些卖空交易规则获利的操作方法以及为保证这种卖空交易的顺利进行而制定的一系列制度的总和。我国证券市场的做空工具主要是融券交易与股指期货，本书的分析重点是融券交易的交易规则及交易技巧。

做空通常包括被动性做空与主动性做空两种基本模式。被动性做空就是投资者不看好后市而离场观望，即通常所说的卖出平仓股票而持有货币。主动性做空则是投资者预期大势或个股将要下跌，借助相关的交易制度——融券，利用下跌来获利。很明显，主动性做空的操作行为要比被动性做空复杂得多，必须要有相配套的交易制度。主动性做空机制一般有"融券卖空"（Securities Lending）和"裸卖空"（Naked Short Selling）两种方式。融券卖空是一种信用交易性质的卖空方式，投资者以部分现金或有价证券作担保，向证券经纪商借入证券并出售，到期返还相同种类和数量的证券并支付利息。"裸卖空"是指投资者没有借入股票而直接在市场上卖出根本不存在的股票，在股价进一步下跌时再买回股票获得利润的投资手法。进行"裸卖空"的交易者只要在交割日期前买入股票，交易即获成功。由于"裸卖空"卖出的是不存在的股票，因此时常发生违约事件，而且"裸卖空"业务存在不透明的特点，市场无法得到确切的关于"裸卖空"交易规模的数据，投资者甚至难以区分融券卖空和"裸卖空"，因此容易遭受损失。

"裸卖空"能够大行其道是由于部分欧美国家一直支持资本市场自由交易，鼓励金融创新，但由于监管缺位而造成的。虽然对"裸卖空"这类风险较大的金融工具有所限制，但仍允许"裸卖空"的存在。"裸卖空"操纵者经常在股票市场上兴风作浪，引起市场动荡。有分析人士认为，雷曼兄弟公司就是"裸卖空"行为的受害者。2008年国际金融危机爆发后，欧美各国监管机构已充分认识到"裸卖空"行为对金融市场的危害，并相继出台了打击"裸卖空"的措施：2008年7月15日，美国宣布对19家主要大型金融机构股票的"裸卖空"行为进行限制，同年9月出台"裸卖空"禁令；英国在2008年9月18日颁布了为期4个月的禁止做空金融股的法令；德国随后宣布禁止卖空 11 只德国金融地产类股票；荷兰财政部宣布从 9 月 22 日起 3 个月内禁止金融机构做"裸卖空"操作；澳大利亚政府更在 11 月 13 日向国会提出立法，要求永久禁止"裸卖空"。2009 年 7 月，美国证券交易委员会宣布"裸卖空"禁令永久生效。未来可以预见的是，"裸卖空"这种带有"先天性缺陷"的做空模式将会从证券市场上逐步消失。

二、卖空的历史

卖空的历史比华尔街的历史还要长，最早有记载的卖空交易发生在 17 世纪初的荷兰。1609 年，荷兰商人伊萨克·勒·梅尔（Isaac Le Maire）认为，荷兰东印度公司股票价格被高估，于是他在荷兰阿姆斯特丹证券交易所，利用借券方式（这就是现代卖空机制的起源）卖空荷兰东印度公司的股票，大获其利。

美股卖空的历史至今已有 200 余年。美国证券卖空最早可追溯到 18 世纪美国建国初期，在 19 世纪中逐渐得到发展，到 20 世纪初规模不断扩大，但是那时卖空尚未制度化，卖空交易常见于投资者或证券经纪商私下之间。1929 年经济危机爆发，股价暴跌，绝大多数投资者破产，只有极少数的卖空投机者抓住机会大发其财，杰西·利弗莫尔（《股票大作手回忆录》的作者）在很短时间内赚了惊人的 1 亿美元，一战跻身为全球屈指可数的超级富豪。1934 年美国通过了《证券交易法》，卖空交易机制正式确立。20 世纪 50 年代，卖空行为在华尔街已经是很普遍的事了，这时对冲基金也登上了历史舞台；20 世纪 60 年代后，大量的机构投资者、保险机构、慈善基金、养老金与大批的个人投资者也逐渐参与卖空交易；20 世纪 80 年代中期，卖空的交易制度日益规范成熟，这时期，专注于卖空交易的专业基金——卖空基金出现；最著名的卖空基金是由吉姆·查诺斯创建的尼克斯联合基金公司。2001 年，在安然公司股价最高达到 90 美元的时候，他通过对安然的全面分析，发现其存在巨大的问题，于是不断地增加做空仓位；直到"安然财务造假"事件爆发，安然公司股价一泻千里跌至不足 1 美元，安然公司最终轰然倒闭，查诺斯一战成名。其后，他又卖空泰科国际、波士顿餐饮连锁市场等标的公司的股票从而大量获利。2008 年的金融危机中，大批的对冲基金损失惨重，而查诺斯的卖空基金则获得了超过 50% 的回报。近年来，诸如浑水、香橼、格劳克斯研究等专业的沽空机构寻找存在欺诈行为的上市公司作为标的，形成了"发现疑点—精密调研—建立空头头寸—发布做空报告—下跌后平仓"的做空盈利模式，并且成功案例颇多。

将融资融券真正作为一项证券业务进行规范源自美国证券市场。美国证券市场于1934年首先推出了融资融券业务，此后其他国家和地区分别陆续推出融资融券业务。

可以说，在卖空交易400余年的历史中，从"诞生"的第一天起，即被视为洪水猛兽，对股票卖空的偏见始终存在。因为股票卖空是在股票价格下跌时创造收益，即在他人的亏损中获利。因此，股票卖空者被认为是"损人利己"，被指责是"不道德的"。

在卖空交易出现不长时间，便遭到了管理当局的抵制，阿姆斯特丹证券交易所对卖空者征收卖空交易税，后来甚至取缔了卖空的合法地位。

在1720年法国的"密西西比泡沫"事件中，一些卖空者获得了大量的利润，之后，管理当局处罚了这些从泡沫破灭中获利的卖空者，并把卖空交易列为非法活动。

"西方国家都曾尝试对股票卖空加以限制，最终又都取消了这些限制。1733年，英国议会议员约翰巴纳德爵士为遏制金融暴发户，提出禁止裸卖空的法案。但是，这一法案虽列出高达500美元等值的处罚，但对其的违反远多于遵守，对裸卖空的限制随后在1860年废除。在法国，拿破仑的财政部长曾对这位法兰西皇帝热情游说股票卖空的好处，但拿破仑并不买账。和美国总统胡佛近一个世纪后的做法极其相似，拿破仑从保护国家利益的角度出发，禁止股票卖空，称此操作为国家公敌。然而，拿破仑在数年后意识到这一禁令全然徒劳，就废除了禁卖空的法例。在美国，纽约州在1812年一度禁止股票卖空，然而在1858年，卖空仍屡禁不绝时，纽约州取消了对股票卖空的禁令。1896年，柏林贝尔泽曾禁止股票卖空，而1909年也收回禁令。在不断尝试和调整中，世界各地的股票市场都曾尝试限制卖空，最终都将限制取消了。"（摘自《资本的游戏：空头无罪》罗伯特·斯隆著）

实际上，市场中买和卖在地位上是平等的，在上涨中做多，在下跌中做空，都是顺应大势的投资方式，涉及不到道德的范畴。正如索罗斯所言："在金融运作方面，说不上有道德还是无道德，这只是一种操作。金融市场是不属于道德范畴的，道德根本不存在于这里，因为它有自己的游戏规则。"无数事实证明，卖空机制的存在绝不是股票市场崩盘的罪魁祸首，在市场的每一次暴跌中，都是由于泡沫的破灭而导致多头践踏——俗称"多杀多";而卖空充其量只是个配角,因为从交易规模上看,融券卖空交易的整体规模在整个市场的比重是很小的。关于这一点,在著名投机家杰西·利弗莫尔的《股票大作手回忆录》也早有阐述。

第二节 卖空机制在我国股市中的发展历程

在国外成熟市场中,融资融券与股指期货是证券市场最基础的业务之一。这些业务的开展,在推动市场发展、促进交易活跃、吸引大资金入市,乃至避免单边市、稳定行情等方面,都可以起到积极的作用。在我国资本市场,融券与股指期货卖空机制的推出和发展经历了一个漫长而复杂的过程。

一、法律障碍的逐步清除

早在 1993 年 3 月,"海南证券交易中心"就曾推出"深圳综合指数、深圳 A 股指数"两种股指期货合约。但这些业务并没有经过国家相关部门批准,属地方越权审批。有关方面认为,当时国内制度建设与市场容量等方面并不具备开设股指期货的条件,这种非法的股指期货交易孕育着巨大的市场风险,遂于不久后叫停。

在 1998 年公布的最早的《证券法》中,明确规定股票交易都必须是现货交易,不能采用信用交易或期货交易。后来,随着市场制度建设的不断完善与市场规模的不断扩大,为推出融资融券与股指期货打下了基础。2005 年新版的《证券法》将原证券法"证券交易以现货进行交易"修改为"证券交易以现货和国务院规定的其他方式进行交易"。(《证券法》第 42 条);删除了原证券法"证券公司不得从事向客户融资或者融券的证券交易活动"的条款,而代之以"证券公司为客户买卖证券提供融资融券服务,应当按照国务院的规定并经国务院证券监督管理机构批准"(《证券法》第 142 条)。2005 年版的《证券法》解除了期货和做空限制,确定了信用交易的合法地位,为我国股市引入股指期货与融资融券提供了法律依据。

二、引入做空机制前的制度建设和市场准备

2006 年 2 月，中国证监会提出将证券公司融资融券业务试点作为资本市场股权分置改革的配套措施。同年 6 月，颁布了《证券公司融资融券业务试点管理办法》和《证券公司融资融券业务试点内部控制指引》，相关部门也开始出台实施细则，对融资融券试点证券公司的资格条件、业务合同、信用证券账户、担保比例、逐日盯市等事项做了具体规定。由于我国股市自 2006 年夏天开始持续升温，且当时证券公司第三方存管进度尚未达到配套条件，中国证监会一方面放慢了融资融券业务试点的步伐，另一方面继续进行试点的相关准备工作。2008 年 4 月，国务院为确立融资融券交易的制度框架，出台了《证券公司监督管理条例》和《证券公司风险处置条例》；同年 10 月和 11 月，11 家证券公司在中国证监会、沪深证券交易所及中国证券登记结算公司的组织下，进行了两次成功的联网测试。2008 年下半年，虽然中国证监会宣布启动融资融券试点，但由于恰逢国际金融危机加剧，欧美等国纷纷出台禁止股票卖空的措施。在此特殊背景下，监管部门审慎起见适当延缓了试点进程，暂不受理试点申请，并要求各有关方面继续做好试点的准备工作，更多了解和借鉴国际金融市场融资融券业务的经验教训，从风险控制角度更审慎全面地完善试点准备工作，审视融资融券业务试点的各项制度安排，深化细化各项业务试点准备，密切关注和研究国际市场动态。2008 年底和 2009 年上半年欧美等国陆续恢复了股票卖空交易。国际证监会组织对各国加强股票卖空监管的措施进行了专题研究，并于 2009 年 6 月发布《股票卖空监管规则》，提出严格股票卖空的交易结算管理、加强信息披露、建立有效的执法体系和保护合规卖空活动四项监管原则，建议各成员国遵循。我国的融资融券业务试点相关规定已完全满足上述监管规则的要求，推出融资融券业务试点的时机已经成熟。

股指期货方面，2006 年 2 月，证监会成立了"金融期货筹备领导小组"，开始推进股指期货上市的准备工作。同年 9 月，中国金融期货交易所挂牌成立，股指期货进入实质性筹备阶段。10 月 30 日，中金所开通了沪深 300 股指期货仿真交易。经过三年多来的仿真交易演练，股指期货的规则体系逐步趋于完善，到 2009 年底，股指期货的筹备工作已基本完成。

三、融资融券业务和股指期货业务正式开展

2010 年 1 月 22 日，中国证监会公布了《关于开展证券公司融资融券业务试点工作的指导意见》，融资融券交易进入了实际操作层面，业务试点正式启动。首批标的证券共 90 只，6 家证券公司参与开展试点。2011 年 11 月，《融资融券交易实施细则》发布，融资融券业务开始步入常规。

2010 年 2 月，中国证监会宣布正式批复中国金融期货交易所沪深 300 股指期货合约和业务规则；同年 4 月 16 日，沪深 300 股指期货合约正式上市交易，从而翻开了中国金融期货的新篇章。

2013 年 2 月转融券试点推出，之前融券业务只限于券商自营所持券种，融券种类与规模有限，而转融券业务推出以后，扩大了融券业务的规模；转融券业务的启动，使做空机制更加完善。

融资融券业务和股指期货业务两项创新机制的推出，标志着中国 A 股市场单边做多的交易制度缺陷的消除与"做空时代"的到来；标志着中国证券市场逐步走向成熟，开始与国际市场接轨。

第三节　引入卖空机制对我国股票市场的影响

一、稳定市场功能

一直以来，我国股市由于不存在卖空机制，市场中所有参与者都只能通过价格的上涨获利，致使市场呈现"单边市"特征，即投资者买涨不买跌，在牛市中的买涨行为导致股市泡沫不断膨胀；而在熊市中，由于不能卖空，导致投资者的恐慌性抛售，"多杀多"使股市容易陷入长时间的萧条。2006~2008 年，A 股的"过山车"走势就是很好的例证。究其原因是股市供求关系一旦严重失衡，容易出现暴涨暴跌的现象。如果市场引入卖空交易机制，则可以增加相关证券的供给弹性：当证券市场上某些股票的价格因为投资者的过度追捧或者是恶意炒作而变得虚高的时候，市场中投机性卖空者就会通过卖空机制来卖空这些价格虚高的股

票，增加了股票的供给，一定程度上可以有效抑制股票价格泡沫的继续生成与膨胀。同时，当这些虚高价格的股票因为泡沫破灭而价格下跌时，先前卖空这些股票的投资者低位回补还券，从而增加了市场的买盘，稳定了股价。因此，成熟的做空机制可以在牛市中制约做多动能过快地集中，熊市中它又能帮助做空动能迅速地消散，在一定程度上平抑市场的暴涨暴跌，起到了稳定市场的效果。有些机构对全球主要证券市场研究发现，卖空交易可以显著降低市场的波动性，可以卖空的个股其波动率明显小于指数的波动率。

二、价格发现功能

价格发现是金融市场的一个重要的经济功能，所谓价格发现功能是指市场通过公开、公正、高效、竞争的交易运行机制，形成具有真实性、预期性、连续性和权威性价格的过程。有效市场要求价格能够完全充分地反映市场上买方和卖方的信息，但是缺乏卖空的市场机制使看空的投资者无法通过股票价格下跌而获得预期收益。反之，市场若存在做空机制，那么与做多买进一样，投资者可以通过卖空表达自己对股票投资价值预期，从而使整个市场的股票供给和需求力量衍生的价格竞争将会极大地提高股票定价的有效性，使股票的价值与价格不至于过度背离。

三、提供流动性功能

股票市场上卖空机制的存在创造了对允许卖空股票的供给和需求，使投资者的潜在需求与供给得以平衡，同时增加了整个市场中的交易量和交易额，从而提高了市场的换手率与流动性。另外，卖空交易一般采用的都是保证金交易的形式，投资者只需要缴纳所卖空证券价值一定比例的现金就可以进行交易，极大地降低了投资者的交易成本，提高了交易效率。

四、抑制市场投机

在我国 A 股市场，一直以来投机之风盛行，炒题材、炒概念，讲故事，垃圾股鸡犬升天。做空机制的推出并伴随着退市制度的逐步完善，可以有效地抑制投机，促使"劣币驱逐良币"转为"良币驱逐劣币"，真正使投资者形成良好的价值投资理念，为我国证券市场的健康发展创造了一个良好的市场环境。

五、提高市场的公平和效率

在利益驱动下，做空机构的专业性与能动性对市场上的欺诈行为是一种威慑，客观上加大了股东的违法成本，促使上市公司的运作更加规范和透明。一些专业投资者也认可这一点，如巴菲特，他虽然不参与做空交易，但他也认为，卖空者在发现审计漏洞以及其他公司问题方面具有重要作用。卖空机制的推出，在一定程度上维护了市场的清洁，提高市场的公平和效率。

六、对冲市场风险

做空机制的推出，为投资者提供了多样化的投资机会和风险管理手段，一定程度上可以对冲市场风险。投资者通过多空两方面获得更多的投资机会，看空大盘时可以做空股指，看空个股时可以融券卖空，特别是在遭遇熊市时，投资者可以通过做空不但可以回避风险，还可以获得下跌收益。做空机制可以派生出多样化的投资策略，一定程度上可以对冲市场风险。海外对冲基金最常用的投资策略便是股票多空策略，即持有股票多头头寸的同时采用股票空头头寸进行风险对冲。也就是说，在其资产配置中，做多低估的股票，做空被高估的股票；这种策略是一种对冲大盘风险或行业风险，只追求标的个股相对指数超额收益部分的市场中性投资策略。

第四节　我国融资融券业务发展及现状分析

一、我国融资融券发展历程

我国融资融券业务的推出和发展经历了一个漫长而复杂的过程。从中国证监会于 2006 年 6 月 30 日出台试点管理办法到 2012 年转融券的推出，期间经历了四个阶段：

第一阶段：准备阶段。2006 年 6 月，中国证监会颁布了《证券公司融资融券业务试点管理办法》和《证券公司融资融券业务试点内部控制指引》，对两融试点证券公司的资格条件、业务合同、信用证券账户、担保比例、逐日盯市等事项做了具体规定。随后，中国证券业协会于 2006 年 9 月出台了《融资融券合同必备条款》和《融资融券交易风险揭示书必备条款》等指导性文件。该文件对证券公司在开展融资融券业务试点过程中，与相关客户签订的业务合同内容，进行了强制性规定。

第二阶段：测试阶段。2008 年 4 月，出台的《证券公司监督管理条例》和《证券公司风险处置条例》，确立了融资融券交易的制度框架。同年 10 月和 11 月，11 家证券公司在中国证监会、沪深证券交易所及中国证券登记结算公司的组织下，进行了两次联网测试，为融资融券的推出储备了技术支持。但由于当时恰逢国际金融市场动荡，管理层对于有一定杠杆性的创新业务持比较审慎的态度，决定暂不受理试点申请，并要求各有关方面继续做好试点的准备工作。

第三阶段：试点阶段。2010 年初，国务院原则上同意开设融资融券业务试点。这一时期，我国不仅实体经济走出了国际金融危机的阴影，资本市场也在逐步走向平稳和向前发展；在此背景下，管理推出融资融券的试点，时机是比较稳妥而又积极的。2010 年 3 月，证监会公布首批 6 家试点证券公司开展融资融券业务试点，标的证券共 90 只，融资融券交易试点正式启动。至此，融资融券交易成功进入市场实际操作阶段，但此阶段只允许证券公司利用自有资金和证券向投资者融资或融券。

第四阶段：常规阶段。2011 年 11 月，沪深交易所修改发布了《融资融券交易实施细则》，同时中国证券业协会修改了《融资融券合同必备条款》和《融资融券交易风险揭示书必备条款》，明确将"试点证券公司"一词修改为"证券公司"，标志着融资融券业务由原来的"试点"阶段转为今后的"常规"阶段。

2011 年 7 月，证监会发布《转融通业务监督管理试行办法》，同年 10 月中国证券金融股份有限公司成立。2012 年 8 月融通业务试点启动，首批试点 11 家券商开始从办理转融资业务入手进行转融通业务的试点。2013 年 2 月，正式推出转融券业务试点，标的证券为 90 只股票，总流通市值占当时全部 A 股流通市值的近 50%。转融通业务的推出为融资融券提供了必要的配套机制，成为完善和发展两融业务的重要助力。

二、我国融资融券业务的发展现状

融资融券业务自 2010 年 3 月试点启动，至今已有 8 年时间，期间标的证券历经了多次扩容及转融通业务的启动，市场规模及交易活跃度均呈现出快速发展的态势，各项管理制度也逐步趋于完善。目前，我国融资融券业务已形成了由证监会行政监管，证券交易所、证券登记结算公司和证券业协会自律管理，证券金融公司监测监控相结合的监管体系。

（1）融资融券业务市场规模突飞猛进。融资融券标的证券从最初的 90 只，扩容到 288 只—510 只—713 只—975 只。目前，950 只股票（975 只标的证券其中有 25 只是交易型开放式指数基金）覆盖全部 A 股（除 ST 股外）的 30.7%，流通市值已经占到流通总市值的 80% 多。融资融券余额交易金额逐年倍增，于 2014 年 12 月突破万亿元大关，2015 年 5 月进一步突破了 2 万亿元，6 月更是创造出历史峰值 2.27 万亿元。而在 2012 年底尚不足 900 亿元；2013 年底，这个数字还只有 3500 亿元左右。融资融券年交易额更是一路飙升，2013 年成交 3.8 万亿元，占 A 股交易额比重为 8.4%，2014 年突破 10 万亿元，占 A 股交易额比重增至 14.4%。2015 年猛增至 35 万亿元，交易额一度占到 A 股交易额的 18%。

（2）融资融券业务成为券商一项重要的创新业务。截至 2016 年底，共有 93 家券商获得融资融券业务资格，约占行业总数的 78%，基本覆盖了行业内大、中、小不同类型的券商，未来将实现行业全覆盖。2014 年，券商融资融券业务收入大幅增长至 446 亿元，较 2013 年大幅增长了 141%。目前，融资融券息费收入已成为仅次于经纪业务和自营业务的券商第三大业务。

（3）可充抵证券基本实现市场全覆盖。可充抵证券池囊括了国债、地方政府债、可转债、企业/公司债、封闭式基金、ETF、LOF 和股票等几乎全部品种，总覆盖率达 98%，基本实现市场的全覆盖。

2014~2015 年是融资融券业务实现跨越式发展的重要时期。2015 年融资融券交易标的证券从 2013 年的 713 余只增至 913 只，融资融券标的家数覆盖率和流通市值覆盖率分别提升至 33% 和 77%。融资融券余额于 2014 年 12 月与 2015 年 5 月相继突破万亿元及 2 万亿元大关，6 月 16 日更是创下了 2.27 万亿元的历史峰值；2014 年融资融券交易额达到 10.7 万亿元，2015 年更是猛增至 35 万亿元，比 2013 年增长了近 5 倍。在短短的两年时间里，伴随着上证指数突破 5100 点，融资融券市场大部分指标均达到成熟市场的相应水平。

A股从2014年三季度启动，短短8个月的时间，上证指数从2000多点攀升至2015年6月12日的5178点，涨幅之大冠绝全球。然而，盛宴往往在一片喧嚣中黯然落幕。从6月15日至7月8日，短短17个交易日上证指数从5178点暴跌至3373点，暴跌了32%，市值蒸发了24.5万亿元，近千只股票"惨遭腰斩"。市场舆论将此次股灾归咎于融资融券。实际上，融资融券作为杠杆交易的一种，只是在一定程度上会对市场走势产生一定的影响；大势的走向都是有着深层次的因素，杠杆率不足2倍的融资融券业务是无法改变市场的趋势，而融券融资市场特有的"助涨助跌"性质，仅是对市场运行速度和节奏产生影响而已。其实，这次股灾的始作俑者是高杠杆的"伞形"信托和场外配资盘被强制平仓、爆仓引发的雪崩式暴跌，像"多米诺骨牌"一般传递到低杠杆的场内融资，致使各路资金恐慌性抛售，出现了多头踩踏现象，导致股灾不可避免地发生。5000点左右的配资资金基本上全军覆没。

在2015年6月股市暴跌的背景下，从防范市场风险角度出发，2015年7月1日，证监会修订了《证券公司融资融券业务管理办法》。对融资融券相关制度进行了一些重大的调整和完善。①证券交易所可以根据市场发展情况，对融资融券业务保证金比例、标的证券范围、可充抵保证金证券范围和折算率等进行动态调整，实施逆周期调节（简单理解就是萧条时宽松，繁荣时收紧）。②规定融资融券业务的一个合理的规模——证券公司融资融券的金额不得超过其净资本的4倍。③优化融资融券客户担保物违约处置标准和方式。④允许证券公司对融资融券合约进行展期，且展期次数由证券公司根据市场情况、担保物情况以及客户信用状况，自主确定。⑤进一步明确做好客户适当性管理工作，对从事证券交易时间不足半年、缺乏风险承担能力、最近20个交易日日均证券类资产低于50万元或者有重大违约记录的客户，以及本公司的股东、关联人，证券公司不得为其开立信用账户。

2015年6月，沪深交易所又一次修订了融资融券交易实施细则，明确规定投资者在融券卖出后，需从次一个交易日起方可偿还相关融券负债，这意味着融券"卖出+还券"的交易闭环从此前的"T+0"变为"T+1"。这项规定变相堵住了"股票T+0"的通道，起到了抑制短线高频交易、降低波动性、稳定市场的作用。

目前，融资融券业务发展中存在的主要问题是融资与融券业务发展严重失衡。虽然融资融券市场整体规模在稳步提升，但融券业务比重过小，融资与融券结构不均衡的情况始终存在。2013~2016 年，融券卖出总额占融资融券交易总额年平均的 8.52%，其中 2016 年仅有 0.72%；融券余额占融资融券余额年平均的 0.7%；融券余额占比微乎其微，最高值也未超过 100 亿元，而融资余额高峰时曾达到 2.27 万亿元。在国外成熟的资本市场中，尽管两融业务也是以融资业务为主，但融券业务仍会占据一席之地，一般会占两融全部业务的 15%~25%。可见，我国的融券业务发展远滞后于融资业务，两融业务发展严重不平衡。

究其原因，有三方面：一是融券品种主要来自券商自身所持，品种及数量有限，融券券源相对匮乏，特别是有些小型券商甚至无券可融。像一些高估值的中小板、创业板和一些纯概念炒作的股票有着很高的做空价值，然而券商自营券种大多数情况下以绩优蓝筹股为主，这些股票如银行股，本身已经被严重低估了，融券卖空空间不大。二是转融券交易发展迟缓，证金公司对转融券业务推动力度不足。三是由于绝大多数投资者多年来形成了单边做多的思维惯性，对融券卖空操作不熟练，卖空积极性不高，从而主观上导致融券业务发展速度缓慢，市场规模很小。

实践证明，只有融资与融券交易平衡发展，"两条腿走路"，才能充分发挥融资融券制度优势，协助市场回归合理估值区域。管理层也早已经意识到这一问题并逐步进行改进。2014 年 4 月 17 日，中国证券业协会、基金业协会、上交所、深交所联合发布等联合发布《关于促进融券业务发展有关事项的通知》，支持公募基金、证券公司资产管理计划等专业机构参与融券交易和转融券证券出借，增加市场券源的供给和需求；允许证券出借人和借入人自主协商确定转融券的费率、期限等事项；投资者融券卖出交易型开放式指数基金（ETF）的申报价格，可以低于最新成交价；融券卖出所得价款，可以用于买入或申购证券公司现金管理产品、货币市场基金以及证券交易所认可的其他高流动性证券。我们相信，随着双向交易机制的不断健全，融资与融券业务不平衡的状况将逐步得到改善。

另外，融资融券的成本较高。据统计，融资融券业务开展初期的融资利率平均在 8.6% 左右，融券费率平均在 9.6% 左右。从 2012 年央行多次降息后，两融业务利率也随之下调，目前两融利率在 8% 左右；而国外成熟市场融资融券的费率较低，美国的融资融券利率保持在 2% 左右，日本在 2%~3%。在这方面，我们可以借鉴国外先进经验，交易费用可以按照不同的投资者类型收取——对交易不频繁的投资者采用较低的利率，对于短期的投资者采用较高的利率，这样就可以有效地降低投资者的交易成本，进一步促进融资融券市场的活跃程度。

我国融资融券业务市场规模仍然有很大的发展空间。

虽然融资融券业务经过多年的发展，市场规模已扩大许多倍，但与国外成熟市场仍有较大的差距。据统计，国外成熟市场的融资融券交易量占证券交易总量的比重基本上达到15%以上，其中，日本为15%，美国为16%~20%，我国台湾地区为20%~40%。而我国两融交易规模最大的是2015年，这一比值只有10%。因此，在我国启动融资融券业务7年多的时间里，融资融券业务取得了巨大的发展；但由于我国特殊的国情，融资融券业务不免遇到了一些问题，与发达国家相比还有不小的差距。我们要在充分认识我国融资融券业务存在问题的基础上，针对这些问题分析原因，进而提出相应的改进建议，促进我国的融资融券业务健康、快速地发展。

第二章　融券卖空交易概述

第一节　融券交易的概念

关于融券的定义，我国相关的证券法律法规并未明确指明涉及，只是在中国证券监督管理委员会公布的《证券公司融资融券业务管理办法》中对融资融券业务的定义做了解释："本办法所称融资融券业务，是指向客户出借资金供其买入证券或者出借证券供其卖出，并收取担保物的经营活动。"据此，我们可以将融券概念表述为：投资者向证券公司交存相应担保物，借入证券并卖出的经营活动。转融券推出以后，融券方式则包括证券公司对投资者的融券和证券金融公司对证券公司的融券。

融券交易又叫作融券卖空，即投资者预期某只股票价格将下跌，向券商交付一定比例的保证金后，借入一定数量的股票并卖出，等股价下跌后再买回同品种同数量的股票，将其归还给券商。投资者通过先卖后买获得了价差收益。因为卖出标的股票的投资者的账户里并没有该股票，即账户里是空的，所以叫作卖空；所卖出股票是从券商借来的，所以叫作融券，没有融券是无法实现卖空的。因此，一笔完整的融券卖空交易包括三个基本的步骤：借券—卖出—还券。在实际操作中，"借券"与"卖出"实际上是一个步骤，融券的同时即进行了卖出操作。在交易软件里，显示为"融券卖出"。

第二节　融券交易的特点

　　融券交易就是主动性做空的操作。股谚道："做多赚得多，做空赚得快。"做空的优势在于能够快速获利，赚快钱，这是由金融市场价格运行轨迹的特性决定的。股价的上涨需要实实在在地买入资金来不断推升，期间要不断承接套牢盘与获利盘的抛压，犹如逆水行舟，但一旦形成上涨趋势，持续性强，涨幅惊人，即如腾讯，至上市以来涨幅超过 400 倍，成长为亚洲市值最大的企业。而在多空转换之后，空头反扑的劲道又快又急；若遇到利空，常常是多头相互践踏，导致"多杀多"，非理性的卖出很快就会将原先的涨势跌完，这是由人类避险和恐惧的本能造成的。股价下跌也遵循物理定律，犹如"自由落体"，下跌中的重力加速度远比反弹的时候快得多，涨了两年可能两个月就跌光。股市的历史走势清楚地道尽了人性，时代在变，而人性亘古不变，不断地"重复昨天的故事"。

　　"万般拉抬皆为出。"主力资金运作一只股票，其套路不外乎是：吸筹—洗盘—拉升—出货，"养、套、杀"是既定模式，最终目的就是高位套现，期间无所不用其极：低位屡屡打压，吸取低价位的筹码，拉升中大幅震荡清理浮筹，高位反复诱多出货。一旦上升推动力减弱，股价会因"自重"而回落。有资金运作的股票如果没有基本面的强劲支持，大多数都是通过高位大幅放量振荡，随后在一路的下跌中完成派发的。尤其是 A 股市场热衷于炒概念、炒题材，一阵炒作之后往往是一地鸡毛。曾经的金改、三沙自贸区等诸多的题材股都风光一时无二，但最终结局必然是尘归尘、土归土。所以，有资金运作的个股在连续急涨之后，出现高位滞涨、长阴线、十字星线、突兀的巨量等信号，往往形成头部雏形，主力资金开始流出，就是最佳的放空目标，只要选中开仓时机，波段利润会相当可观。

　　做多"赚大钱"需要耐心和时间，而做空"赚快钱"则需果断与时机。金融市场价格运行轨迹的特性造就了当代两大投资、投机大师典范——巴菲特和索罗斯。

　　融券卖空交易作为股票做空的一种方式，有其自身的特征。

一、融券交易是信用交易

信用交易又称"保证金交易"和"垫头交易"，是投资者向证券公司交付一定的保证金或证券，证券公司向提供融资或者融券进行证券交易；在约定的时间内，投资者再将所融资金或是证券归还给证券公司。信用交易分为融资买进和融券卖出两种方式，因此，融券交易是一种证券信用交易。

二、融券交易具有金融杠杆交易特点

信用交易的一个伴生品就是杠杆效应。投资者通过向证券公司融券，可以利用较少资本来获取较大的利润，这就是信用交易的财务杠杆效应。当然，利润与风险是对等的，融券交易在放大收益的同时，也放大了交易亏损风险。假定融券保证金比例假定为50%，意味着投资者可以将10万元资金作为担保品，向证券公司借到市值为20万元的股票；如果投资者打算卖空市价为10元的A股票，则投资者就可融券卖空20000股A股票。此时，投资者其所得为20万元。假如A股票跌到每股9元时，投资者只要花18万元就可以买回20000股。将其归还于证券公司后，不考虑利息及手续费可盈利2万元（20万元–18万元），融券收益率为20%。若是股价上涨至11元，则融券损失20000元，融券收益率为–20%。可见，保证金比例的高低决定了杠杆的效应的高低，保证金比例的高低与投资收益成反比关系。若融券保证金比例提高至70%，同样，当A股票跌到每股9元时，则融券收益率分别为10%与14.28%；当A股票上涨至每股11元时，则融券收益率分别为–10%与–14.28%。

三、交割方式与现货交易原则相一致

融券交易虽然有其特殊的买卖方式，但是从交割方式角度来讲，这种交易方式与现货交易基本一致。融券卖出之后，买卖双方都必须即时清结交割，买卖双方都以现款或现货（股票）进行交割，融券投资者得到现金，买方得到股票，这与现货交易的方式一样，其差别只是股票是借来的而已。

四、保证金比例是调节交易规模的重要工具

投资者融券卖出时交付的保证金与融券交易金额的比例称为保证金比例。保

证金分为初始保证金和维持保证金。保证金比例的大小是监管当局用以调节融券规模的重要工具。

五、与证券公司的法律关系与普通的股票交易存在较大差异

投资者从事普通股票交易时，其与证券公司之间只存在委托买卖的关系；而从事融资融券交易时，其与证券公司之间不仅存在委托买卖的关系，还存在资金或股票的借贷关系，或者说存在较为复杂的债权债务关系。根据投资者与证券公司签订的融资融券合同，投资者预先以现金或股票抵押的形式向证券公司交付一定比例的保证金，取得融券资格，实际上此时两者之间就有了法律上的债权债务关系。如果不能按照约定的期限归回所融之券；或者维持担保比例低于130%，且不能按照约定追加担保物时，投资者要承担违约责任，证券公司可以执行强制平仓，投资者必须无条件地接受平仓结果；如果平仓后投资者仍然无法全额归还融入的证券，还将继续被追索。

六、融券交易催生新的盈利模式

融券交易的做空属性为投资者提供新的盈利模式，成为投资者规避市场风险的有效工具。在遭遇下跌行情时，投资者既可以通过空仓规避下跌风险，也可以通过融券卖空，获取股价下跌收益，还可以通过套利、多空对冲等方式组合投资、进行多样化投资的机会和规避风险的手段。

（一）做倒差

做倒差就是单方向做空，通过高买低卖获利，是融券交易最基本的操作模式。若投资者预期某只股票会下跌，就会趁高价时向证券公司借股票先行卖出，等到股价下跌了以后，再低价把同品种同数量的股票买来还给证券公司，这样便可用高卖低买的方式来赚取差价利润。

（二）融券交易特殊的盈利模式

利用融券交易可以创新出几种特殊的盈利模式：

（1）利用融券卖空可以进行"当日冲销"的操作，实现变相"T+0"（详见本书第七章）。

（2）融券卖空的套利交易策略，包括股票与权证的套利、股票与可转债的套利、股指期货与指数基金的套利、LOF与分级基金的套利、期权与融券的套利、

大宗交易的套利、事件驱动的套利交易策略（详见本书第八章）。

（3）融券卖空的多空对冲交易策略，包括股票的配对交易、板块的配对交易、ETF 的配对交易策略（详见本书第九章）。

七、"浑水"式的盈利模式

近年来，以"浑水""香橼模式"为代表的做空机构，在实际操作中，形成了"寻找问题公司—精密调研—建立空头头寸—发布做空报告—下跌平仓"的"浑水"式做空盈利模式。

这一模式的核心在于其细致而全面的调研体系。做多和做空都需要做调研，但方法明显不同，做多是"证实"，理由充分，便可买进；做空则是"证伪"，寻找大的问题与漏洞。"一个谎言需要多个谎言来掩饰"任何造假都难以做到天衣无缝，只要找到标的企业的商业舞弊与财务造假证据，即可成为做空的理由。整个调研体系内容涉及企业关联方、供应商、客户、竞争对手，甚至需要行业专家介入，细致而全面。其欺诈行为一经发现，准确有力地表达做空原因，常常一招制敌。做空机构的这一模式斩获颇丰，据统计，平均命中率高达 75%。一旦被他们盯上，轻则股价"腰斩"，重则破产退市。浑水公司已狙击了东方纸业、绿诺国际、中国高速频道、多元环球水务、嘉汉林业等多家上市公司，其中绿诺国际和中国高速频道已退市，多元环球水务已停牌。2017 年 3 月 24 日，浑水发表报告狙击港股辉山乳业，该股盘中跌逾 90% 创历史最大跌幅，市值瞬间蒸发 42 亿美元。从 2006 年起，香橼研究开始关注中国公司，先后对 21 家中国海外上市公司发动袭击。其中有 16 家股价跌幅超过 80%，更有 7 家最终退市。

2012 年 A 股市场的一大特点就是"黑天鹅"频现，与此同时，一种依托于做空机制获利的"浑水"模式也浮出水面。几次食品安全事件大多数伴随着做空质疑和融券指标的异动。

A 股版"浑水"做空三部曲[①]

一股来自草根调研机构的力量，正在为改变做多获利的 A 股游戏规则推波助澜。

五个交易日，机构钟情的康美药业股价跌幅接近 15%，做空推手"中能兴

---

① 下面是摘自 2012 年 12 月 22 日《中国证券报》的一篇文章。

业"也借此一战成名。在利益驱动下，更多的机构也会有动力将不利的信息转化为获利的筹码，参与到日渐兴旺的做空盛宴中。如何监管这种做空模式，阻止其朝操纵市场的方向发展，同样成为监管层关注的目标。

（1）神秘的中能兴业。

康美药业事件之前，中能兴业在资本市场不为外人道也。据中能兴业官方网站披露，其成立于 2003 年 4 月。此前八年，该公司核心产品是 ValueTool 财务估值模型软件，主要为证券投资机构、大型企业集团财务人员提供财务分析与财务估值模型的培训。本周，中国证券报记者多次拨打该公司电话，始终无人接听。

根据中国证券业协会公布的资料，中能兴业并无证券咨询资质。此外，工商资料显示，该公司法定代表人为赵冰，注册资本 100 万元。有消息称，赵冰财务研究能力强，公司核心人员曾任职国外大型做空机构，可能曾参与调研部分中资概念股，并向海外机构提供相关素材。

在多方调查后，若干不确定的碎片信息仍旧让这家草根调研机构颇为神秘。

"无利不起早，无利不做空。"与美国"浑水"坦然承认做空获利不同，中能兴业在动机上让人雾里看花。在市场提出质疑，该公司"事先融券卖空 600 万~1000 万元的指控"后，赵冰在某网站回应，"该指控子虚乌有，公司及相关利益人未持有康美任何空头头寸，并恳请证监会介入调查。"

其实，中能兴业打出的第一枪并非指向康美药业。2012 年 4 月，中能兴业发表了《乐视网幻象：三大方面数据存重大疑问和造假嫌疑》一文，使该公司股价一度大幅下挫近 15%。在 2012 年 12 月 14 日前后，中能兴业还将贵州茅台、五粮液、洋河股份三家白酒行业龙头公司生产的 11 种酒送检，把几大酒企一起推向"塑化剂危机"。

另有业内传闻指出，中能兴业为了调研康美药业前后耗时近半年，而成本也高达十几万元。有深圳私募人士指出，从动机上看，中能兴业要么是"活雷锋"，要么是通过发布利空消息，从中渔利。

（2）做空三部曲。

多位市场人士表示，在推出股指期货、融资融券等工具以来，A 股市场出现的数起"黑天鹅"事件，似乎都有"浑水"式手法的影子。

第一步，从技术面和基本面寻找做空标的，并做相关配置。

深圳私募老林近期参与了做空白酒股。2012 年 10 月初，老林通过研究发现，整个白酒板块在技术上已经到达顶部，适时做空已经具备条件。"当时白酒板块技术上，股价下行的风险已经在放大，下跌只是在等待一个事件驱动。同样，近期被做空的药业板块也出现类似问题。"老林说。

对于近期发生的康美药业事件，华南一家基金公司研究总监则从大的基本面上解释，如果详细研究医改的目标和方向，就是人们常说的六个字："花小钱，办大事"。之前的股价反映了多数人只看到后半句而忽略了前半句。用错误的逻辑假设，推高了整个医药板块的估值。

第二步，调研并扩散利空消息。香港一家对冲基金对此解释，在完整的做空盈利模式中第二步最关键。

仔细比较近期的几起"黑天鹅"事件都是"旧闻"，但消息的传播似乎不是无准备之仗。例如，白酒业含塑化剂的有关信息，有消息人士指出，早在2011年6月就已经在白酒行业协会内部通报。据《中国证券报》记者从多方了解，在消息扩散一个多月前就有包括多家媒体及投资人士收到有关"匿名举报酒鬼酒含塑化剂"的消息。至于康美药业，据说之前也有媒体曾想做。

有私募人士指出："做空都倾向于直击真正会出问题的环节，像康美药业的问题就出在大股东质押股权上，如果公司出现利空，股价跌破质押底价，大股东甚至有失去控股地位的可能。康美药业遭遇唱空，或许树了一个标杆，以后很多需要保股价的公司必须拿出诚意了。"

在目标公司股价下跌后，则可走完第三步，这也是做空盈利模式的最后一步——平仓。老林表示，"把前期在融券市场潜伏的融券卖空。当然，对一些权重股还可以在股指期货市场开空单获利。"

（3）游戏规则被改变。

在康美药业事件之后，申银万国医药研究员罗鹝表达了困惑，"这个市场怎么了？一家没有证券咨询资质的公司写了一份报告，竟牵动了我们所有专业机构的神经，让我们都围着他们写的东西转。"尽管不情愿，但是游戏规则事实上已经改变。此前，作为卖方机构的券商，每每在上市公司出现重大利空事件后，要么选择沉默，要么遵循唱多的腔调，唱空往往成为媒体的独角戏。

不过，这种情况正在发生变化。香港一位对冲基金经理表示，"如果观察A股和H股的比价，你就知道A股有多少可以做空的机会，只是目前沽空的手段与香港相比还少得多。"而一股来自草根调研机构的力量，正在为改变做多获利的 A 股游戏规则推波助澜。

好望角董事长刘国宏指出，在股指期货推出并逐步完善之后，融资融券业务日趋成熟，转融通又箭在弦上，A 股做空工具正在不断丰富。而一位管理着百亿元规模的资深基金经理向中国证券报记者表示了做空的兴趣，该基金经理对自己评价：虽然在选股能力上水平一般，但是对大趋势把握得好。之前，这些毫无用处，不能空仓，更不能通过做空获利；现在逐步放开，未来可以通过做空的方式获得更多回报。

有券商人士指出，在利益驱使下，对上市公司更为熟悉的中介机构，如投行、会计师事务所、律师事务所等，会有动力将不利的信息转化为获利筹码。这也给监管层提出新问题：如何监管这些草根调研机构？如何斩断透过"暗箱操作"进行非法做空的黑手？又如何平衡监督上市公司与通过唱空谋利的边界？

第三节　融券卖空的交易风险

融资融券交易作为证券市场一项具有重要意义的创新交易机制，蕴含着相比以往普通交易更复杂的风险。除有普通交易具有的市场风险外，融资融券交易还潜伏着特有的风险。投资者在进行融券交易前，必须对相关风险有清醒的认知，才能最大限度地避免损失、实现收益。

融券交易中可能面临的主要风险包括：

一、无限损失风险

融券交易的特殊性决定了其市场风险比买入股票的风险大。从理论上来讲，卖空者所能获得的最大收益为100%，即标的股票价值下跌到0时，也就是公司破产时，能获取的最大收益不过就是其初始投入的卖空资金。相反，做多股票最大损失是本金的100%，而股价的上涨空间是无限的，相应地，融券做空潜在的亏损则无上限。可以看出，融券交易具有"最大收益"与"无限损失"，其风险与收益是不对等的，这也是融券交易最大的劣势。

但是，我们不能因为融券交易的固有风险而放弃这一工具。原因有以下几个方面：一是损失无上限也是仅在理论上的可能。"树不能长到天上去"。毕竟类似于腾讯这样长期走牛的股票可谓是凤毛麟角，市场上的烂公司多的是，因为想要将一家公司做大做强，需要天时（宏观环境）、地利（所在区域、所处行业）与人和（创始人的能力、团队的协作、企业战略规划、产品的护城河与生命周期等）缺一不可，其中需要付出太多的艰辛与努力。每次宏观层面的经济周期更迭、行业变革、技术革新升级、消费转型等，都有大批的企业沉沦；微观层面的企业治理不完善而导致企业破产，甚至一个投资决策失误将可能万劫不复，这样的例子比比皆是。就连微软这样的世界顶级企业都"战战兢兢，如履薄冰"，比尔·盖茨有句名言："微软离破产永远只有 18 个月。"曾经的"手机之王"——诺基亚，连续 15 年占据全球手机市场份额第一，这样的行业巨擘，谁能想得到仅在几年的时间就从辉煌到没落。在 A 股市场，能够成为上市公司，都是行业内的佼佼者，从其招股书可看出公司前途可谓是一片光明，可是能将这样的辉煌延续下去的企业能有几家？所以，我们做空可选的标的是很多的。另外，IPO 注册制的推进、退市制度的完善、估值体系的重塑（壳资源贬值）等为融券交易创造了良好的市场环境。二是开仓要考虑大势、板块、个股趋势、主力资金流向、多信号共振以及单只标的仓位控制等因素，再加上严格的停损的执行，这种潜在的损失都可以限制在可容忍的范围之内，这与做多一样，都要遵循顺势而为的原则，差别只在于方向的不同而已。所以，我们倡导的做空是有一套完整的操作规则的，而不是盲目地、想当然地去做空。三是股票市场总是牛熊交替，在熊市中做空不但可以规避市场风险，还可获得下跌收益。A 股市场"牛短熊长"，给予我们非常多的做空获利机会。四是股价下跌的速率较快，找准时机开空可以很舒服地赚快钱。五是我们可以组建多空对冲组合来规避这种风险。其中可以采取多品种的精选、合理的仓位配置、标的股票的调整、止损位的设置等措施（具体论述详见本书第九章）。

二、突发事件的风险

笔者认为，目前 A 股市场的融券最大的风险在于突发事件的风险。如果标的股票突然停牌公告资产重组、资产注入等利好，融券投资者不但要付出长时间的停牌成本——融券利息，还要承受复牌后因"一字板"无法及时买进，被迫高位回补股票的风险；这种情况就像做多"踩雷"，我们只能谨守"不要把所有鸡蛋都放在一个篮子里"的资金管理原则，即控制单只标的仓位来控制这种突发事件的风险。

三、强制平仓风险

与期货有一定的相似之处，融券投资者与证券公司间除了普通交易的委托买卖关系外，还存在债权债务关系。投资者将面临担保物被证券公司强制平仓的风险。

投资者应特别注意可能引发强制平仓的几种情况：①投资者在从事融券交易期间，如果信用账户内的维持担保比例低于130%，证券公司将会通知客户补足差额；如果此时客户未按要求补足，证券公司将立即按照合同约定处分其担保物，即强制平仓。如果平仓后投资者仍然无法全额归还融入的证券，还将继续被追索。通常，强制平仓的过程不受投资者的控制，投资者必须无条件地接受平仓结果，由此造成的损失由投资者自负。②投资者在从事融券交易期间，如果不能按照合同约定的期限归回所融之券，证券公司有权按照合同约定执行强制平仓，由此可能给投资者带来损失。③投资者在从事融券交易期间，如果因自身原因导致其资产被司法机关采取财产保全或强制执行措施，投资者信用账户内资产可能被证券公司执行强制平仓、提前了结融券业务，可能给投资者造成潜在损失。

四、监管风险

监管部门和证券公司在融资融券交易出现异常，或市场出现系统性风险时，都可以对融资融券交易采取监管措施，以维护市场平稳运行，甚至可能暂停融资融券交易。这些监管措施将对从事融券交易的投资者造成不利影响和潜在损失。①投资者在从事融券交易期间，如果发生标的证券暂停交易或终止上市等情况，投资者将可能面临被证券公司提前了结融资融券交易的风险，由此可能会给投资者造成损失。②投资者在从事融券交易期间，证券公司制定了一系列交易限制的措施，如单一客户融资规模、融券规模占净资本的比例、单一担保证券占该证券总市值的比例等指标，当这些指标到达阈值时，投资者的交易将受到限制，由此可能会给投资者造成潜在损失。

第四节　融券卖空的交易流程

首先，要开立融资融券信用账户。

第一步：投资者在满足融资融券开户条件之后，向证券公司提交申请材料。根据监管部门的要求，投资者如果申请从事融资融券交易，应满足在该券商开户时间不少于 6 个月、最近 20 个交易日日均证券类资产不低于 50 万元、无重大违约记录等条件。

第二步：通过业务知识与风险能力等测评。

第三步：证券公司对投资者进行征信资格审查并确定授信额度。

第四步：签署融资融券合同，开立信用账户。信用账户包括信用证券账户和信用资金账户。其中，信用证券账户是证券公司在证券登记结算机构开立的"客户信用交易担保证金账户"的二级账户，用于记录投资者委托证券公司持有的担保证券的明细数据。投资者用于一家证券交易所上市证券交易的信用证券账户只能有一个。换言之，信用证券账户只能有两个，一个是上海市场的，一个是深圳市场的。信用资金账户是投资者在证券公司指定存管银行开设的资金账户，该账户是证券公司在银行开立的"客户信用交易担保资金账户"的二级账户，用于记载投资者交存的担保资金的明细数据。投资者只能开立一个信用资金账户。

其次，向信用账户转入担保物。

目前，可用于充当担保物的有股票、交易所交易型开放式指数基金（ETF）及其他上市基金、国债及其他上市债券，但各自折算率不同。

再次，可以对标的股票进行融券卖空操作。

注意，"融券""卖空"这两个步骤是同时进行的，融券的同时即进行了卖空的交易，在下单软件中，此笔委托标示为"融券卖出"。

最后，偿还借券。

"融券卖出"委托成交后，融券交易者必须在规定的时间内（一般不超过 6 个月）回补并归还证券公司同品种同数量的股票，此步骤称之为"还券"。"还券"可以是"买券还券"或"现券还券"，"买券还券"是客户通过其信用证券账户申报买券，归还给证券公司的一种还券方式。"现券还券"是客户将信用账户的证券归还融券负债的一种还券方式。如图 2-1 所示。

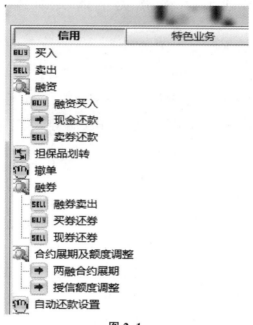

图 2-1

从中可以看出，融券卖空就是买卖换了个顺序，一般情况是先买后卖，融券卖空则是先卖后买。

第五节　融券卖空的一般交易规则

一、报升规则——融券卖空最为特殊的交易规则

报升规则（Uptick Rule）起源于美国（1934 年），又称为上涨抛空，即卖空的价格必须高于最新的成交价，报升规则是当前各国证券交易所规定的融券交易的通例，之所以规定报升规则，是因为这一规则可以平缓大量卖空对股价的助跌效应，维持市场的稳定；也可以有效防止操纵市场牟取暴利，有利于保护投资者

的利益。但是，从国外实证研究来看，是否设置卖空报升规则，对于市场的影响甚微，并未起到稳定股价或者改变股价走势的作用。另外，有些投资者认为报升规则是不公平对待做空交易者，是一种歧视性的政策，而且作用不大。有些证券市场已经逐步取消报升规则或者限制性使用。美国从 2005 年开始逐步取消了报升规则，2007 年更是彻底废除，在次贷危机中也未对报升规则进行恢复；只是在 2010 年 2 月，规定单日证券价格跌幅超过 10%时，将触发报升规则。我国香港地区在 1996 年取消了报升规则规则，后在 1998 年亚洲金融危机后，再度实施。欧洲地区一般不在卖空交易中设置此规则。

我国在融资融券推出后一直采取严格的报升规则制度。因为我国证券市场尚不成熟，如果融券卖空的报价不受约束，大量的抛单很容易导致股价急速下跌，板块效应使恐慌气氛将会传导给所处板块乃至整个市场，加剧了市场的波动，甚至可能成为不法分子操纵市场的重要手段。

融券报升规则决定了融券卖出交易只能采用限价委托，不能采用市价委托。即卖空的价格必须高于最新的成交价，如该证券当天未产生成交的，申报价格不得低于前收盘价，否则视为无效申报——下单软件会显示委托为"废单"。而且，在融券期间，投资者通过其所有或控制的证券账户持有与融券卖出标的相同证券的，卖出该证券的价格也必须遵守报升规则，但超出融券数量的部分除外。由于 ETF 具有市场流动性好及抗操纵性强等特征，卖空 ETF 现已经不受卖空报升规则约束。

二、必须维持最低保证金比例

证券公司向投资者收取的保证金以及投资者融资买入的全部证券和融券卖出所得的全部价款，整体作为投资者对证券公司融资融券所生债务的担保物，即投资者信用资金账户和信用证券账户内的所有资产构成其对证券公司融资融券所产生债务的担保物。

投资者交付的保证金与融资、融券交易金额的比例，具体分为融资保证金比例和融券保证金比例。保证金比例用于控制投资者初始资金的放大倍数，投资者进行的每一笔融资、融券交易交付的保证金，都要满足保证金比例要求。在保证金金额一定的情况下，保证金比例越高，证券公司向投资者融资、融券的规模就越小，财务杠杆效应越低。根据沪深证券交易所融资融券交易实施细则规定，融券保证金比例均不得低于50%。证券公司在不超过证券交易所上述规定比例的基础上，可自行确定相关融券保证金比例。

部分证券充抵保证金在计算保证金金额时必须按照证券公司规定的比率进行折算。按照证券交易所规定，上市国债折算率不超过95%，ETF折算率不超过90%，其他债券和基金折算率不超过80%，上证180指数和深圳100指数成分股股票折算率不超过70%，其他股票不超过65%。证券公司的折算率不得高于证券交易所规定的折算率。

融券卖空后，投资者的维持担保比例不得低于130%。当投资者维持担保比例低于130%时，证券公司应当通知投资者在不得超过两个交易日追加担保物，且维持担保比例不得低于150%。若投资者未能按期交足担保物或者到期未偿还融券债务，证券公司可以采取强制平仓措施，以投资者担保物偿还融券债务，不足部分可以向投资者追索。

维持担保比例超过300%时，投资者可以提取保证金可用余额中的现金或充抵保证金的有价证券，但提取后维持担保比例不得低于300%。证券交易所另有规定的除外。

保证金可用余额是投资者用于充抵保证金的现金、证券市值及融资融券交易产生的浮盈经折算后形成的保证金总额，减去投资者未了结融资融券交易已占用保证金和相关利息、费用的余额。

保证金可用余额由四部分组成：

（1）作为保证金的现金。投资者信用资金账户内的现金由作为保证金的现金和融券卖出所得现金两部分组成，其中融券卖出所得现金只能用于买券还券，不能作为保证金。

（2）充抵保证金的证券。投资者信用证券账户内的证券由充抵保证金的证券和融资买入证券两部分组成，其中充抵保证金证券部分直接经折算后计入保证金可用余额。

（3）融资融券交易产生的浮盈部分。融资融券交易产生的浮盈经折算后可计入保证金总额；融资融券交易形成浮亏的，浮亏金额需全额从保证金可用余额中扣减。

（4）在计算保证金可用余额时，投资者已了结融资融券关系的，涉及的融资买入证券或融券卖出所得资金记入可充抵保证金部分，对于部分了结融资融券关系的，证券公司可以按比例将涉及的融资买入证券或融券卖出所得资金计入可充抵保证金部分。

未了结融资融券交易已占用保证金部分。投资者进行每一笔融资买入或融券卖出时所使用的保证金皮以其保证金可用余额为限。其计算公式为：

保证金可用余额＝现金＋∑（充抵保证金的证券市值×折算率）＋∑【（融资买入证券市值−融资买入金额）×折算率】＋∑【（融券卖出金额−融券卖出证券市值）×折算率】−E 融券卖出金额−∑（融资买入证券金额×融资保证金比例）−∑（融券卖出证券市值×融券保证金比例−利息及费用）

其中，折算率是指融资买入、融券卖出证券对应的折算率，当融资买入证券市值低于融资买入金额或融券卖出证券市值高于融券卖出金额时，折算率按100%计算。

三、信用证券账户有相应的交易权限

投资者用于一家证券交易所上市证券交易的信用证券账户只能有一个，只能在开立证券公司使用，不可转托管。信用证券账户不得买入或转入除担保物和交易所规定标的证券范围以外的证券。信用证券账户不得用于从事新股申购、定向增发、债券回购、预受要约、LOF 申购及赎回、现金选择权申报、LOF 和债券的跨市场转出以及证券质押等事项。

四、其他相关规则

（1）融券卖出的申报数量应当为 100 股（份）或其整数倍。

（2）未了结相关融券交易前，投资者融券卖出所得价款除买券还券外不得他用。

（3）融券期间产生的股票红利归股票出借方所有。

（4）融券卖出的证券暂停交易和终止交易的相关规定。

（5）证券公司与投资者约定的融券期限最长不超过 6 个月。合约到期前，证券公司可以根据投资者的申请为其办理展期，每次展期的期限不得超过 6 个月。

（6）在融券期限届满时，如果客户融券卖出的证券恰逢停牌，则投资者无法通过买券来还券，还券期限相应顺延至该证券恢复交易，期间相应的融券费用由投资者承担。《融资融券合同》另有约定的，从其约定。

（7）投资者融券卖出的证券预定终止交易，且最后交易日在融券债务到期日之前的，融券的期限缩短至最后交易日的前一交易日。《融资融券合同》另有约定的，从其约定。

第六节　资券变化与股价涨跌的关系

股价的涨跌趋势与融资融券余额的变化有相互影响的关系。因此，运用融资融券余额的变动来分析股价未来走势时，需要参照股价目前所处的趋势，才能做到全面分析。基本上，资券增减的变化主要有四种模式，可以概述如下：

一、资券同增

在股价上涨过程中，如果个股融资余额与融券余额同步增加，代表市场人气较旺，而且筹码已经过良性换手，股价比较容易继续往上攀升。在此过程中，尽管有空头也在积极增仓，试图压制股价，但依然压不住个股涨势；最后空头就会被迫止损回补，出现"轧空"现象，这时的股价涨势将更为凶猛。直到空头斩仓出场后，因潜在买盘已失，一部分获利盘便会逢高兑现筹码，个股股价也会开始大幅走弱，形成"先轧空，后杀多"的走势。

在股价下跌过程中，如果个股融资余额与融券余额同步增加，表示有抢反弹的资金进场买进，导致融资余额增加；而同时有部分投资者继续加码放空，造成融券余额增加；最后往往会因空头力量的逐步加大，而导致市场抛压沉重，股价无法止稳，继续下滑，买进的融资盘将形成杀多的压力。

二、资增券减

若个股股价上涨的同时出现资增券减的现象，代表大多数人看好后市。此时，多方追价买进，买盘持续进场，使融资余额持续增加；而空头则持仓信心不足，逐渐止损退出市场，场外的空头也不敢开仓放空，导致融券余额大减。不过亦须注意，当市场投资者全面看好后市，同时融资增加到一定程度时，股价涨势却未能持续，或出现量增价滞的现象，行情很可能会反转直下。

若个股股价下跌的同时出现资增券减的现象，代表部分投资者预期股价会反弹，入场博短多，而部分融券交易者也不断止盈回补，等到空方回补买盘耗尽之后，只要市场筹码松动，有可能引来另一波下跌。

三、资减券增

若个股股价处于涨势时出现资减券增，代表空方看淡后市，并积极进场放空，但始终无法压抑股价；多空交战的结果是多方显然略胜一筹，未来甚至还有可能出现轧空行情。

若是个股在跌势中出现资减券增的现象，代表空方顺势加码放空，逼得部分融资盘止损出局，多头人气溃散，市场交投冷清，成交量萎缩，往往会迎来一大段主跌浪，而主跌浪过后一旦空头再次加大做空力度，物极必反，反而形成短期底部，股价将探底回升，甚至会出现一波短轧空行情。

四、资减券减

若个股股价处于涨势时出现融资与融券余额俱减，代表人气甚为萎靡，股价上涨至多是一段反弹行情，涨势难言乐观，因此，在上涨过程中有持仓不断顺势减仓，使融资余额持续减少；融券交易者也不敢一味看空，不断回补，导致融券余额呈现减少现象。另外，股价的上涨很有可能是由于融券回补的买盘导致的，但是这种买盘并不牢靠，一旦空头回补买盘耗尽，反弹行情有可能戛然而止。

反之，若个股在下跌过程中出现融资与融券余额俱减，代表市场量能退潮、人气涣散，股价将有可能持续下跌。部分融券盘随着股价下跌而停损杀出，使融资余额减少；看空的投资者担心出现反弹行情，融券的也陆续回补，未入场的也不敢贸然入场放空，使融券余额持续减少；而且空头回补的买盘还无法支撑股价，后市股价大概率是要走跌。

此外，当股价处于盘整阶段，融资余额与融券余额的增减幅度通常不会太大。不过，融资与融券余额的增减变化和股价的变动关系并非一成不变，仍须参照实际的市场状况及相关因素的变化而定。

股价的涨跌趋势与融资融券余额的变化关系正说明了影响价格波动的两大主要心理因素：贪婪与恐惧。融资余额与融券余额的变化与股价波段高低点的关系，提供了很好的说明。在股价上涨时，投资人持续买进，即使股价已经到达波段高点，贪婪的心态依然驱使投资人继续融资追涨，融资余额持续创出新高，而空头恐惧，也不敢高位做空，最终形成"杀多"局面。在股价下跌时，投资人的恐惧心理不断扩大，即使底部已经形成，投资者仍然不敢进场，多头还再不断割肉，融资额处于低谷，而贪婪的空头继续看空而不低位回补，场外看空的投资者继续入场放空，导致融券余额仍在持续增加，但是最终股价触底反弹，空头被"轧空"。

第三章 融券卖空的交易体系

价格的波动主要由供需关系与交易者的行为（习惯、情绪）等因素形成，其走势有随机与非随机（规律）两类。投资者若想在股票市场上持续稳定的赢利，无论是做空还是做多，必须识别在高度随机的价格波动中的规律性的机会。实践证明，在养成良好的投资心态的基础上，建立一套行之有效的交易体系可以很好地解决这个问题。因此，要想做好融券交易，一是要树立正确的投资理念，有效地控制人性的弱点，使之不致影响自己的理性决策。二是建立一套完善的融券卖空的交易体系。

第一节 树立正确的投资理念

无数的事实证明，正确的投资理念是做好金融投资的前提条件。正确的投资理念主要涵盖三方面的内容。

一、养成良好的投资心态

金融投资市场上，人性的一切弱点——贪婪、恐惧、冲动、侥幸、懊悔、沾沾自喜、怨天尤人……暴露得一览无余。市场奇正相生无法预料，必须有一个稳定的交易心态，面对多空双方的"惨烈肉搏"，要有举重若轻的气势、淡定从容的心境。正如苏东坡《留侯论》所言："天下有大勇者，猝然临之而不惊，无故加之而不怒。此其所挟持者甚大，而其志甚远也。"良好的交易心态是影响投资成败的一个首要因素。

毫无疑问，股票市场是投资者心理的搏击场。市场参与者的心理主要有情绪化和理性两种。K线图中的棱角、凹凸、毛刺就有很大一部分来自投资者情绪化的操作。情绪化是人性固有的弱点。要想克服人性的弱点，健康的交易心理的磨炼是必不可少的。

（一）要有风险意识

投资者要想具备健康的交易心理，首先要认识到：投资市场是一个风险市场，首先要认识风险，掌控风险，其次才是追求盈利。胜者先立于不败之地，而后求胜；败者则反其道而行之，故屡战屡败。

止损即为控制风险的利器——尤其是高风险的融券交易，更是出门必备。从心理上我们对待止损要有一种超然的态度，要认识到：止损是一种成本，是寻找获利机会的成本，是交易获利所必须付出的代价，包括错误止损所造成的代价。止损是保证投资者在投资市场持续生存的根本。执行止损是一件痛苦的事情，是对人性弱点的挑战和考验。实际操作中，侥幸心理和犹豫不决往往影响了止损的执行，一步步陷入套牢的深渊。

（二）要保持客观性

格雷厄姆曾经用"市场先生"来描述股票市场是非理性的。他认为，"市场先生"常常"喜怒无常""阴晴不定"。

股市是由千千万万投资者构成的，股票交易不可避免地充满了各种投资者不理性的情绪汇集，甚至有时将这种情绪宣泄到极致。在牛市中投资者都信心爆棚，高位追价买进，无视风险的存在；在熊市中，恐惧的情绪主导一切，看不到希望的曙光。K线图中的棱角、凹凸、毛刺就有很大一部分来自投资者情绪化的操作，而投资者情绪归根结底是由人性的弱点造成的。对此，我们要理性认识并面对市场中人性的弱点，否则，经常会被"市场先生"所愚弄。我们要保持客观性，要清醒地认识到，行情永远是正确的，既不会因为我们看多就涨，也不会因为我们看空而下跌；错的只有我们自己，我们的想法并不重要；"存在高于一切"，我们无法改变市场，只能去适应，否则就离开。

（三）要逐步克服人性的弱点

想要成为一名理性的投资者，必须努力克服人性固有的一些弱点。股市中影响我们投资心理的常见现象有以下几种：

1. 急于求成

大多数投资者刚进入市场之时，抱着到股市中淘金的心态，有些投资者甚至想把股市当成自己的提款机，这种急功近利的心态是散户投资者的典型心态。我们要清醒地认识到，股票投资也遵循"二八定律"即十个人中八个亏损，二人盈利。"天下没有免费的午餐"，想要成为盈利的那部分人，没有付出岂可有收获，而且在金融市场中博弈，有付出也不一定有收获，还必须要有正确的付出。

错误的理念必然导致错误的结局，这种急于到股市中赚钱的急功近利的心态，根本没有做好投资前必要的分析工作，最终导致的只有亏损。

2. 心态浮躁

一旦下单开仓之后，投资者的情绪会不由得随着股价的波动而起伏，赚则沾沾自喜、忘乎所以，亏则心急如焚、坐卧不安，在这种浮躁的情绪下，投资者很难做出理智的决策。

心态浮躁不免会追涨杀跌，当看到股价节节升高，收出诱人的大阳线时，忍不住急急追进，生怕错过赚钱的机会，但没有认真分析股价已在高位，随时可能做头，结果追涨到波段高点，坠入主力机构诱多的陷阱。有时候持仓股票已经开始破位下跌，却不愿接受亏钱的事实，抱着股票不放，期盼着价格反弹；然而，往往事与愿违，随着股价的进一步下跌，身心备受折磨，不堪忍受时，只得忍痛割肉，结果杀跌到波段低点。

3. 赌博心理

通常情况下，大多数人的理性远胜于赌性。然而，当利益的诱惑实在太大时，人类与生俱来的赌性则往往会占上风。历史上南海泡沫事件、风靡全球的郁金香狂潮、最终导致20世纪30年代世界经济大危机的佛罗里达房地产泡沫，以及发生在我国的海南地产泡沫与最近几年的炒作普洱茶和比特币都是人的赌性使然。伟大的物理学家牛顿也在股票投机中一败涂地，他无奈地说："我可以计算出天体运行的轨迹，却计算不出人类的疯狂。"

抱有赌博心理的人，不思一分耕耘一分收获，总希望能侥幸成功，但好运不可能陪伴他们一生。如果暂时盈利，他们会越发飘飘然起来；即使一时运气不佳，也绝不承认自己的失败，并且深信会有时来运转的一天，甚至继续押大赌注；如果输得更惨，他们就会做赌徒之搏，行为更加不理智，直到最后爆仓被迫出局。在股市寄希望于侥幸或运气的人，如果不及时醒悟，迟早会栽跟头。

4. 盲目跟风

一般来说，羊群总是散乱的，平时在一起经常是盲目地左冲右撞，可是，一旦有只头羊动起来，其他的羊就会不假思索地一哄而上，全然不顾旁边可能有的狼和不远处更好的草，这就是"羊群效应"。股市中的"羊群效应"实际上就是从众心理，是股票投资中一种比较典型的现象。传媒经常充当"羊群效应"的煽动者，一条经不住考究的传闻、股评被媒体大肆传播，被操纵者利用，无不是在借助"羊群效应"。还有一部分投资者热衷于从朋友、券商或其他任何可能的渠道打听所谓的内部消息，或者打听所谓专家的看法，四处打听小道消息，据此草率入市。从众行为让投资者放弃了自己的独立思考，必然成为无意识投资行为者，盲目跟风，必将迷失在非理性的世界里。

5. 贪婪

追求投资利润的最大化，是每位投资者共同的心愿。但是，人性的贪婪，总是使人奢望能够最低价买进、最高价卖出，而结果却往往事与愿违。由于贪心作祟，常常在买卖决策时犹豫不决，该买的时候想价格再低点再进，该卖的时候想要在价格再高些再卖，结果往往错失良机。贪婪的一种表现是不及时止盈。可以说，投资者手中大部分被套的股票，在起初介入的时候，都有过或多或少的盈利，正是由于我们的贪婪，没有及时止盈，最终转盈为亏，直至深套。另一种较为普遍的表现就是交易过于频繁，管不住自己的手，账面上不能留有现金，时刻保持满仓，唯恐错过赚钱机会，是一种不能控制自己贪婪情绪的股市中新手的典型症状。戒掉贪婪，在股票投资中非常重要。

6. 恐惧

恐惧是投资者普遍的一种心理现象。有着套牢亏损的投资失败经历，投资者往往会形成一定的恐惧心理。有看好的股票，开仓信号也很明确，却不敢下单，怕亏钱，结果一犹豫价格就拉上去了，又不敢追涨，眼看着股价"绝尘而去"，后悔不迭。有时，开仓后拿不住股票，股价一回调便惊慌失措，赶快卖出，甚至赔钱也出，其实这只是主力资金的一个小小的洗盘动作。同样，股票稍涨一点就出，结果在低位放掉一匹黑马。还有的投资者在少量亏损的时候不认赔，结果随着股票价格越跌越低，投资者的心理也变得越来越脆弱，最后几乎成了惊弓之鸟，当终于有一天承受不住对股价进一步下跌的恐惧的时候，割在地板价。

投资者如果被恐惧心理束缚住，看不到有利的条件和自身的优势，往往会主动放弃努力、放弃尝试，自然也就放弃了成功。

7. 不愿承认错误

我们常常可以看到，不少投资者在明知道已经做错了以后，既不愿承认自己的错误，又不愿接受亏本的现实，于是输了不认赔，还要加码。这些人犯的错误就是不尊重市场。认为自己的操作是对的，抱着幻想死不认错，结果可想而知。

人非草木，有情绪的波动很正常，再成功的投资大师也难避免，但他们在做投资决策时，往往能比一般人理智得多、冷静得多。客观地说，人不是机器，想要完全克服人性固有的弱点是不可能的，成功的投资者能够成功地把它们控制在一个适度的范围内，不使其影响理智的思维，我们有必要学习一下他们是如何做到这一点的。

（1）遵守准则。成功的投资大师，都有一套行之有效的操作策略和准则（交易体系）。这些准则都是他们在长期的投资实践中，总结交易经验并日臻完善，而且他们会严格遵守准则，不会轻易改变。投资对于他们来说就是一项不断坚持与重复交易的工作，长久稳定的盈利就是他们的回报。

相反，投资亏损的主要原因就是没有形成适合自身，贴近市场的投资准则或是交易系统，开仓、加仓、减仓、平仓无据可循，只是盲目的、想当然地做出决策，结果可想而知。

可以说，遵守准则是获取投资成功需要具备的最重要素质。巴菲特曾说，他之所以能有今天的投资成就，就是依靠了"自律"和"愚蠢"：自己的自律和别人的愚蠢，可谓一语中的。

（2）要有耐心。在金融投资领域，"耐心"很重要，因为大多数投资决策的是非成败都需要时间去验证。如果确实是经过充分的研究分析，遵照自己的投资体系而开仓，就要有信心和耐心留有仓位。我们常听到一些投资者遗憾地说，他们也买到过飙股，但总是卖得太早了，结果与"黑马"失之交臂。这其实就是由于他们缺乏必要的耐心。

（3）独立思考。投资者在做投资决策时，常常会受到周围情绪的影响。市场行情火爆时，媒体、券商、基金机构狂热唱多，无视利空，放大利好，股神随处都是，被这种的乐观情绪所包围，而忽略了行情即将转向的危险信号；熊市中，哀鸿遍地，下跌时间越久，也容易被悲观气氛情绪影响，因恐惧心理而忽视见底的希望。现在网络、媒体上各种传言、消息和"牛人"们的投资建议满天飞，如果缺乏客观独立思考而盲目跟风，必然会犯下愚蠢错误。

（4）承认错误。金融市场的本质是混沌的，价格运动是随机的，我们所有的分析预测都是建立在一定概率之上的，既然仅是一种概率，必然会产生亏损。再优秀的投资大师也做不到每战必胜，但他们之所以能够实现长期稳定盈利，一个重要方面就是他们能够及时发现错误、勇于承认错误，及时截断亏损。投资大师索罗斯说过："投资本身没有风险，失控的投资才有风险。"从某种意义上说，止损甚至比盈利重要，因为任何投资，保本都是第一位的，其次才是盈利。止损是保障本金的重要防线，当投资失误时能够不让亏损持续蚕食本金。

理念决定心态，心态影响技术，技术与大势环境共同决定了操作的结果。保持冷静的头脑和平稳的心态非常重要。对于想获得成功的投资者来说，最重要的就是努力驾驭好自己的情绪。一时的盈亏当作寻常事，既不要太悲观沮丧，也不要太乐观兴奋。因为，无论是过度沮丧还是过度兴奋的心理状态，都会使人的判断力出现偏差。

良好心态的形成和精湛的技术一样，是一个长期锻炼和积累的过程。

二、遵守严格的投资纪律

俗话说，没有规矩不成方圆。国家的"规矩"是法律，军队的"规矩"是军纪，企业的"规矩"是管理制度；那么，股票投资的"规矩"是什么呢？就是严格的投资纪律。触犯投资纪律会受到亏损的惩罚。

遵守投资纪律的关键是要做到"知行合一"。知是行之始，行是知之成。"知"相对容易，我们通过熟悉交易规则，累积交易经验，可以逐步建立自己的操作体系；但是，交易最难的地方，不仅是建立一套完整的、有效的交易方法，还在于"执行力"。这就好比运动，谁都知道运动的重要性，但是最后能够坚持下来的人少之又少；也好比戒烟，知道抽烟不好却总是戒不掉一样。

知行合一的重点在于要有钢铁般的执行力。正如歌德所说："知道了还不够，我们必须实践；渴望没有用，我们必须行动。"只有那些有执行力严格按照交易信号买卖才能在市场上长期盈利生存。做好融券交易要求我们信号出来了，大胆进场，这是执行；做错了，严格停损，这也是执行；有执行才有成果。知行合一，持之以恒，终必厚报。

三、善于学习与总结

在任何领域，想要取得成功，深入的学习与总结都是必不可少的。在金融市场中，投资大师都有一个不断学习总结，涅槃重生的过程。江恩花了十多年的时间研究应用于投资市场的交易法则，总结出了一套以自然规则为核心的交易方法——江恩理论。巴菲特善于学习与总结，并将诸多的投资精华融为一体，成就为一代股王。

失败不可怕，可怕的是重复同样的错误。我们常常看到，很多投资者是屡战屡败，究其原因，是没有很好地总结失败的原因，几乎所有的"学费"都是白交了。要不断吸取过往失败的教训和成功的经验，不断地总结与实践，逐渐克服不理性的弱点，不断提高对股市的判断能力和投资技法，这是理性投资者走向成功的必由之路。

我们可以汲取大师的智慧，站在巨人的肩膀上，实现自己理念和技法上的飞跃。基本面方面可以学习格雷厄姆、费雪、巴菲特、索罗斯、约翰·邓普顿等投资大师，而技术面方面则可以学习艾略特、江恩和丹尼斯等实战派大师。只有努力地学习，刻苦地钻研，认真地总结，积极地实践，逐步建立起自己的投资体系，才能成为股市的赢家。没有"付出"就没有"得到"，股市如此，人生亦如此。

融券交易在 A 股市场是一种全新的交易模式，更需要不断学习与总结，形成自己的盈利模式，才能修炼成为一名做空高手，不出手则已，出手必一剑封喉。

第二节　建立一套融券交易体系

股票投资涉及基本面、技术面及心理面诸多方面，具体有宏观经济、产业政策、国家经济政策、国际形势、公司经营、财务数据、技术指标、量价模式、资金流向、投资者心理等。一个成功的投资者，往往有着自己行之有效的完善的交易体系。大道至简，交易体系满足两个因素即可——简单、有效。巴菲特认为，只有化繁为简，才能在股市中持续稳定地盈利。对股票投资而言，一个最简单的交易体系，至少包括五个部分：入场点、出场点、止损、止盈、资金管理。

鉴于融券交易的特殊性，其交易体系的涵盖内容包括：卖空点（开仓）、回补点（买券还券）、止损、止盈、资金管理以及当日冲销、套利策略与对冲策略，并在此基础上制订交易计划。因为开仓点策略（基本面与技术面）、当日冲销策略、套利策略与对冲策略在后面章节有具体的论述，在本章节只详细分析止损、止盈策略与资金管理策略。

一、制订融券交易计划

"凡事预则立，不预则废。"华尔街有一句名言："舞场永远开着，舞曲永远奏着，准备好后再下场。"非线性的市场通常让投资者手足无措，股价走势往往像"醉酒水手的脚步"难以预测，不能只凭一时感觉就匆匆下单。成功的投资，往往在一套完善的交易体系的基础上必须同时具备一套切实可行的交易计划。交易计划是指交易者为完成一定时间内的交易目标，所制定的措施、方法和步骤。

《孙子兵法》说得好：多算胜，少算不胜，何况于无算乎？交易计划之所以重要：首先，交易计划可以让我们厘清市场的趋势（方向）。顺势而为是做好融券交易的基础，与熊市做多一样，牛市做空胜算不高。其次，在确定市场大的方向的基础上选择相应的交易策略。

制订融券交易计划时应当考虑的环节主要有：①大势的方向（交易的前提）；②交易理由（基本面和技术分析）；③可接受的最大损失（止损）；④预期盈利的水平（止盈）；⑤投资策略（单边做空或对冲套利）；⑥资金投入比例；⑦加仓或减仓的计划。

在制订并执行融券交易计划的基础上，若能够做好交易日志，那就更完美了。交易日志的内容主要包括：行情波动的技术特征；走弱板块的分析；潜在融券目标个股的跟踪表现；成功交易的心得体会；失手交易的经验教训；止损与止盈的合理性分析等。

"计划你的交易，交易你的计划"，说起来很容易的一句话，但是否能够知行合一执行，却是最关键的一点。

二、融券交易止损位的操作技巧

止损是任何金融交易系统的重要一环。我们每次开仓都意味着风险的暴露，止损是一种积极防范市场风险和不确定性因素的重要手段。

价格的不确定性和波动性是金融市场最根本的特征，也是交易中风险产生的主要原因。交易中永远没有确定性，我们所有的分析预测都是建立在一定概率之上的，既然仅是一种概率，那么交易的结果自然是不确定的，止损就是为了控制这种不确定的行为所产生的成本。

对于绝大多数股票投资者而言，能够认识到止损的必要性，但如何做好止损却不是件容易的事。首先，要牢牢树立止损的观念。"思想上的止损是止损的前提。"许多投资者常常深度套牢，主要原因是没有及时止损，或者表面上认为止损很必要，但在实际上并没有很好地执行。历史上几次股灾令到很多人倾家荡产，假如他们能够在市势逆转之前自动止损离场，而不至于血本无归。其次，止损的技巧欠缺。频繁错误的止损经常是"刚离了虎口，又入狼窝"，不仅会造成本金的减少，更会给投资者造成一种被愚弄的痛苦，从而对止损产生质疑。

许多投资者不重视止损的一个重要原因是不明白止损的设置技巧。止损的设置的原则是找到价格的临界点。价格的临界点就是当价格穿越过该位置后，通常意味着多空心理的改变、供需的变位和新趋势的开始。我们经常讲的支撑位与阻力位即为价格的临界点。支撑位与阻力位反映出绝大多数投资者愿意买进或卖出的价格位置。价格图标中的成交密集区域、重要的趋势线、重要的高低点容易产生支撑和阻力。其中，成交密集区域是常见的支撑位与阻力位。股价在成交密集区域进行大量的成交换手，此位置成了很多投资者持仓的成本价位。如果行情多次在此位置回头，可以确认了支撑的有效性，但是股价一旦跌破这一位置，则可能进入下降趋势。若股价上行至某一个价位区间的时候，产生大量的抛盘卖压，造成股价受压回落。如果多次在此位置附近遇阻回落，此位置将形成有效的压力位。另外，支撑位与阻力位又可以相互转换。如果重大的压力位被有效突破，那么该压力位则反过来变成重要的支撑位；反之，如果重要的支撑位被有效击穿，则该价位反而变成今后股价上涨的压力位了。

支撑或阻力的有效性要关注几个因素：①成交量的密集程度。成交量越大，支撑或阻力越强。②价格在两个区间所经历的时间。运行时间长，阻力或支撑就大。③形成的时间与现在的远近。时间越近，支撑或阻力则越有效。④价格触及的次数。价格触及的次数越多越有效。

利用临界点可以帮助我们确定止损设置的大致位置，通常而言，如果是买入股票则应该将止损设置在靠近支撑位置的下方，如果是融券做空则应该将止损设置在靠近阻力位置的上方。这样的目的是过滤市场的杂音。人性中的弱点无时无刻不在影响着投资者的情绪，所以 K 线中的棱角、凹凸、毛刺以及突兀的成交量就有很大一部分来自冲动的操作行为，这些就构成了"市场杂音"。杂音是相对于趋势而言的。股价有时随机性较强，很可能跌破支撑线（突破压力线）后不久又开始了一段上升（下降）走势，这就是说市场之前的下跌（上升）是"杂音"，并不是真正的趋势。市场杂音为不可预测的短期价格波动，也是众多虚假信号的来源。为了过滤掉杂音，我们就不能在买入或做空股票时，把停损设置得太靠近支撑线或压力线，而应该留有一定的距离，这样才不能被市场杂音干扰。但是，由于市场的运动是不规则的，不可能完全过滤掉杂音，因此盲目止损常常会是错误的。所以，止损是一种成本，是寻找获利机会的成本，是交易获利所必须付出的代价，这种代价只有大小之分，难有对错之分，你要获利，就必须付出代价，包括错误止损所造成的代价。

执行止损是一件痛苦的事，是对人性弱点的挑战和考验。止损时意味着事实已经否定了你先前的分析，尽管你不能确定这个是否正确，但你的本金已要求你必须战略性撤退，这就使止损带有绝对性和幅度上的保守性。

就融券交易而言，其止损技巧的操作思路与做多相"逆"，做多是找"支撑"而做空则是找"压力"。在实际操作中，止损设定的具体原则和有效方法可参考如下：

（一）技术性止损法

融券交易与做多相反，要将重要的阻力位作为止损的参照位置。止损参照物的选择是关键。因为一般而言，股价越过重要的阻力位，向上运动的概率可能增大，这自然对融券持仓者相当不利。我们可以通过对 K 线形态、技术指标与量价分析，寻找重要的阻力位。常见的阻力位有：①趋势线的切线。②头肩顶、双顶（多重顶）或圆弧顶等头部形态的颈线位，三角形、楔形、旗形、矩形等下跌中继形态的上边沿。③上升通道的下轨。④下跌缺口的边缘。⑤30 日或 60 日等重要移动平均线。⑥股价下穿布林带的上轨线。⑦布林线的上轨。⑧重要的黄金分割点。

参照这些重要的阻力位置，我们可以将止损位设置在阻力位上方 2%~3% 的地方。

（二）以关键 K 线为参照

所谓关键 K 线是带有标志性上涨或下跌的 K 线，其对行情后市涨跌具有重要的意义。关键 K 线有两类：一类是在重要支撑位、压力位出现的具有多空转折意味的 K 线；另一类是带有拓展意义的 K 线，意味着涨跌速度加快、空间扩大。融券卖空的关键 K 线主要有两种：一种是在顶部或阶段性顶部中，击穿重要支撑线（颈线）的 K 线；另一种是在下跌中空头又一次发力，股价继续延续下跌的 K 线。空头的关键 K 线有高开低走的阴线、跳空低开低走的阴线，因为大阴线是空头力量宣泄的结果；另外，长上影十字星常常是多空转折的标志，也是关键 K 线。我们可以将空单的止损位设置在关键 K 线的最高价或是最高价稍靠上的位置（见图 3-1）。如果价格上升越过我们设置的止损价位，说明价格后市可能出现反复，可能走横盘震荡，不确定性增大，这时融券交易者宜止损观望。

图 3-1

（三）前一根 K 线止损法

可将进场日的前一根 K 线的最高点作为止损点。如果融券卖空后价格没有如期下跌反而向上运动，并且收盘价超过前一根 K 线的最高点，形成"后线吃掉前线"，表示趋势有可能出现变化。你的卖空点可能有问题，你应该快速离开再等待下一次进场的机会。刚开始执行这种犀利的停损法时，你可能会一直频繁止损，不过在这一过程中你会领悟到一些诀窍，增强一些盘感，对卖空点的选择就会很慎重，除非有八九成的把握，否则你不会轻易出手，但一出手必赚。

（四）基本面止损

当个股的基本面发布利好或者沾上热门题材，甚至是发生了根本性转变，股价可能出现趋势性反转——空反多。这时，融券投资者应及时退出。技术面应无条件让位于基本面，即使有亏损也应认赔出局。

（五）结合持仓时间研判止损位

一般而言，价格运动特性是下跌速度较快，如果融券卖空后股价没有如期出现快速下跌，说明卖空的时机不对或是入场点位欠妥，在 3~5 个交易日后可以考虑出场，即使是有亏损也应认赔出局。

（六）亏损幅度止损

止损的幅度即可容忍的资金损失比例。通常情况下，我们可以将止损额控制在总资金的 3%~5% 以内，或者是单笔亏损在 5%~10% 时止损。

三、融券交易止盈位的操作技巧

如果说止损是"截短亏损"，那么止盈就是最大限度的"让利润奔跑"。止盈也是证券投资的重要一环，因为账面利润不能算作真正的利润，只有"装在兜里的才是"。止盈的目的是守住阶段性利润及时落袋为安，以防止行情逆转情况下利润流失，同时又希望盈利能够实现最大化。止盈是根据当前市场趋势变化与股价技术分析而实施的一种操盘行为。

其实我们大多数的交易其实都有获利的时点，然而，为什么最终大多以亏损了结呢？这就是对止盈操作把握不当。在交易实践中，要理念上高度重视，策略上正确执行。

止盈操作的核心理念是：克制永无止境的贪心，获利时要有卖出的决心。止盈的最大敌人是"贪念"，贪念是人性的固有的弱点，投资者往往因为永无止境的贪念，不满足当前获利，想得到更多，结果事与愿违不但没有锁住前期的利润，反而赔进本金。投资者要有止盈的信心和决心，不能犹豫不决、拖拖拉拉而贻误了最佳时机。知所进退，适当的时机实施止盈才是成功的智者所为。

只有止盈的信心与决心还不够，"不能捡了芝麻，丢了西瓜"。这就需要制定完善的止盈策略，止盈的策略与方法要做到既守住当前利润，又尽可能实现利润最大化，但这两者是既矛盾又统一的。

一般而言，止盈的方法有三种：

一是静态止盈。静态止盈是预先设定盈利的目标价位，一旦到达此目标价时，立即获利了结。这里的心理目标位可以是获利的相对百分比，也可以是绝对的盈利数额。这种止盈策略明显地带有极强的主观色彩，只关注投资目标本身，并不在意市场其他因素的影响。但是，可以肯定的一点是，这种止盈策略也是克服贪心的重要手段。

二是动态止盈。动态止盈实际上是追踪止盈。当仓位已经有盈利时，投资者认为个股还有继续上涨的动力（做多），或股价还有继续下跌的趋势（做空），因而继续持仓，同时将止盈点位跟踪股价当达到某一标准时，投资者采取平仓操作。

我们知道，价格是在诸多因素作用下的最终实际结果，我们的认知是相当有限的，更不可能影响或改变价格的运行态势。我们要弱化主观思维，当开仓方向与价格运动方向一致时，不要人为主观地预设止盈目标位，而是尽可能采取动态止盈这种攻防兼备的操盘策略。动态止盈法这一策略是将基本分析与技术分析有效结合起来，只要持仓的理由没有发生根本的变化，在价格的趋势运行中，就不能人为地设定具体的离场价位；而是结合技术分析的应用，在趋势运行中逐渐止盈离场。动态止盈法不是简单的单一离场，而是一个复杂的操作过程，要求很高的综合技术手段。

三是分批止盈法。由于价格运行的轨迹常常是非线性的，而是迂回曲折的，因此为了让账面上的盈利"落袋为安"，不至于"坐电梯"，同时又防止盈了蝇头小利而失去大的收益，可以在股价运行中不同阶段分批了结，在有效止盈的同时又能最大限度地跟随趋势保有盈利仓位。

融券交易由于其特殊性，止盈的策略主要在于判断股价是否延续下跌的趋势，是则可将止盈幅度放大，"让利润充分奔跑"；反之则及时"落袋为安"。一般而言，技术分析能力弱的投资者可以采取静态止盈法，分析能力强，心态稳定的投资者采取将动态止盈与分批止盈法相结合来制定止盈策略。具体地可以参考如下止盈策略：

（一）设立止盈目标

融券卖空最大的获利空间不过100%，这种特殊性决定了融券的利润空间不宜看得过大——融券的优势在于快速获利而不是非要赚取一大波利润；除非大势走熊或标的股发生质的改变，一般有 20%~30% 的利润就相当好了，可以回补股票，实施止盈。

（二）利用股价反弹幅度止盈

预先设定利润的一个允许的最大回撤值，避免将"煮熟的鸭子飞了"。例如，当股价与最低价相比，反弹 5%~7% 时执行止盈操作。

（三）支撑位止盈

融券卖空后，若股价回落到支撑位区间，徘徊不下，则可以考虑先止盈退出。

（四）信号止盈

融券卖空后，股价如期下跌了一段，但是出现了一些跌不动或是见底信号等情形，如低开高走长阳、巨量长下影、"早晨之星"、低位孕线等，可以实施止盈策略，落袋为安。

（五）追踪止盈

追踪止盈是稳健型的止盈策略。融券卖空后如果股价向下运动，止盈位跟踪价格的波动自动调整。这样可以在保证盈利的情况下，让利润奔跑，追求更大盈利。

（六）成本价止盈

我们可以将综合成本（开仓价+交易费用）作为止盈价，融券卖空后若价格反弹至综合成本价作为止盈位，这样避免将盈利单变为亏损单，影响投资心理。

（七）分批止盈

可以根据股价下跌运行中不同阶段分批了结，可以在某一价位先出一半，剩余仓位设置保本损，直到出现见底信号，一次性结束剩余仓位。

（八）持仓时间止盈

如果融券开仓后 3~5 个交易日，预先判断的下跌行情始终没有出现，说明开仓的时机或是入场点位欠佳，行情有可能要徘徊反复，可以先止盈离场观望，等待下一次更好的机会。

（九）下降趋势线止盈

如果标的个股形成了下降通道，融券卖空后，可以将下降趋势线作为止盈标准，价格向上穿越下降趋势线后，可以作为第一止盈位。

四、融券交易的资金管理方法

资金管理是交易系统的必不可少的重要环节。

金融市场波诡云谲，如果没有充分考虑资金管理的重要性，未能有效地控制资金风险，其结果就是哪怕只有一次失误，都有可能被市场所淘汰。日本大和银行、英国巴林银行的倒闭就是前车之鉴。

在股市操作中，理念、理论以及技术固然重要，但有效的资金管理方法也非常重要。资金管理的目的用一句投资箴言即可概括："截短亏损，让利润奔跑。"这句话揭示了资金管理的两层含义："截短亏损"就是控制好风险，尽可能地保证本金安全，"让利润奔跑"就是实现利润最大化。

交易成功的关键是要如何控制损失，使亏损金额不超过盈利。市场上绝大多数的交易高手都有一个共同点，他们都遵循严格的资金管理方法，他们一些资金管理的模式共同的一点是：把握少数的重大机会（甚至低于 20%）的巨额盈利-大量的（甚至高于 80%）不断测试小额的亏损=累计盈利。我们可以用数学模式来表达：盈利 20 次，每次盈利 50%~100%，亏损 80 次，每次亏损 5%~10%；则累计盈利（取其平均值）=$20 \times 70\% - 80 \times 7\% = 840\%$。索罗斯、斯丹立·克罗、罗杰斯、丹尼斯等诸多投资大师所采用这样的方式。这种成功的方法，最关键的不是高明的技术，而是如何适应趋势系统，忍受大量次数来回砍仓的小额的亏损，还能坚定信心严格的执行系统交易信号，去把握重大机会，获取那些可贵的次数非常少的巨额利润。一句话，大量的小额亏损是获取稳定利润的成本，而且这样的成本是必不可少的。如何管理风险，有助于交易者保护珍贵的资金，使其经得起正常的连续亏损，仍有能力留在市场内继续从事交易，这对于新手尤其重要。掌握资金管理的窍门之后，就能忍受十笔以上连续亏损，然后在两笔交易中挽回先前所有的损失。

资金管理的首要问题是必须避免资金的深幅回撤。我们都明白这样的数学计算：资金亏损 20%，则需要剩余资金盈利 25%才可以回本；资金亏损 1/3，则需要剩余资金盈利 50%才可以回本；如果亏损 50%，则需要剩余资金盈利 100%才可以回本。那么毫无疑问亏损的幅度越大，恢复到初始资金规模的可能性就越小，难度也就越大。

无论是做多还是卖空，资金管理的思想基本一致。其中涵盖的内容包括：整体账户风险承受度、如何设定交易规模、如何进行仓位调整、单只股票的投入比重、如何加减仓等。

下面就融券交易的资金管理方法做一个简单的探讨。

要做好融券交易的资金管理，一个重要前提是卖空的交易信号没有问题，包括进出场的信号、止损与止盈的方式方法等经过了市场的检验。否则，再好的资金管理方法也很难实现预期收益。换言之，资金管理改变的是权益运行轨迹的幅度，但是很难逆转方向。

首先，需要对投资者自身做一个风险度评估。每个投资者的风险承受是不一样的，因此资金管理方法也应有所不同。投资者想要参与高风险的融券交易，首先必须清楚自身的风险承受能力。假如自身抗风险承受能力不强，建议不参与或小仓位参与。

其次，根据资金实力确定交易规模。对于资金实力雄厚、风险承受能力强的投资者，建议融券交易规模不超过总可交易规模的1/3，单只股票的融券规模建议不要超过可交易规模的1/4。

最后，选择投资方式。就融券交易的风险度由高到低排列为：单边融券做空——对冲交易——套利交易。那么，在投资规模上，首选套利交易，资金所占比例最高；其次是对冲交易；最后才是单方卖空。

资金管理方法的设计要兼顾控制风险和资金使用率两方面，但是在实际操作中，这两者又有相互矛盾的一面：资金使用率越高，仓位就越大，风险暴露必然越大，一旦投资失败，损失无疑越大。在具体操作中，如何同时把握好这两方面的因素，可以从以下几方面考虑。

（一）根据行情把握度确定交易规模

融券交易者应根据自身对行情走势的把握度来决定资金投入量的大小。当各种因素——基本面、大盘趋势、价格形态、量价关系、技术指标等形成下跌共振时，这时的行情把握度就大，资金投入量也应多些。反之，交易信号少，把握度就不大，资金投入量也应越小。至于行情的把握度的判断则取决于交易者的操作经验和分析判断能力。

（二）遵循金字塔式的投资方式

遵循金字塔式的投资方式，即每次加仓的资金要逐步递减。如果融券卖空后，市场价格如期下跌，已经使交易者获得了部分收益，如果这时出现关键K

线，做空信号比较明确，可以考虑追加部分仓位，但再追加的资金遵循逐渐递减的法则。特别强调，卖空后，若价格回升，说明开仓时机欠佳，最好不要加仓摊低成本，而是把主要精力放在如何平仓上。

（三）执行止损止盈策略

止损止盈策略有助于控制风险，实际上也是资金管理的范畴，前文有详细论述，在此不再赘言。

（四）严格执行资金管理策略

坚守资金管理法则，做到大盈小亏，稳定地盈利，从小做起，随着时间的流逝，小流也将汇集成复利的海洋。资本市场的高额利润应来源于长期累积低风险下的持续利润的结果。职业交易者追求的是能够长期稳定地盈利，而不是一朝暴富。

综上所述，投资者想要在证券市场上有所建树——做多也好，做空也罢，应从理念入手，摒弃错误的操作理念，"种植"正确的操作理念；正确的理念决定理智的投资心态，包括戒骄戒躁的心态、知错就改的心态、不断学习的心态、时常总结的心态、知行合一的心态、挑战自我的心态等；心态与技术共同决定了操作的结果，如果能将客观和冷静的心智融入成熟而有效的投资体系中，盈利自然随之而来。

第四章　融券卖空的交易要点

第一节　融券交易的学习方法

　　熟悉游戏规则是玩好游戏的前提，同理，熟悉融券卖空的交易规则是做好融券交易的首要条件。否则，为一些低级错误付出"学费"就得不偿失了。在此基础上，笔者推荐一种低成本学习融券卖空的方法：①开始操作时不要投入太多资金，用小头寸交易，别太在意盈亏，而将重点放在几个方面：选择标的股票，学习开仓技巧、设置止损、寻找盈利目标、熟悉交易规则与交易软件等。小头寸交易不至于使融券交易者有大的压力，也就不会掺杂过多的主观性情感因素。②做好交易入场日记，并记录决策过程，分析总结每一笔融券交易成功或失败的经验与教训。③先从低风险的当日冲销、套利、对冲等入手，熟悉做空技巧。④通过小头寸的交易，积累经验，培养盘感，构建自己的融券交易体系，做到开仓、加仓、减仓及平仓均有据可循，绝不盲目。

第二节　融券交易的操作原则

　　（1）从技术面的角度分析，做空与做多一样都要顺势而为，切忌逆势操作。做空的时机应选在空头市场之时。在多头市场中，绝大多数股票呈上涨走势；在空头市场中，几乎所有股票迟早都会下跌，能穿越熊市的股票可谓凤毛麟角，特别是高估值的绩差股，其跌幅更是惊人。因此，在空头行情中融券卖空风险小、收益高、收益风险比大；相反地，在多头行情中融券卖空风险高、收益低、收益风险小。

（2）卖空空点的选择一般是两种：一是选择在顶部区域的牛熊转折时做空，二是在下跌趋势中直接开空或趁反弹夭折时开空。笔者比较推崇后一种，因为趋势之惯性能量是相当强大的，想要逆转是非常困难的。你自认为是顶部，而结果有可能只是上涨趋势的一段停留，甚至有些个股出现最后的脉冲行情（假突破），短线大幅飙升，开空点选择欠佳则易被扎空；而在下跌趋势中对融券卖空操作更有力，因为下跌趋势一旦确立，中间的短暂停留只是空头的暂时性歇息，后市大概率还是要延续跌势，融券交易的胜算无疑高得多。

（3）卖空点的选择要遵循"安全有效"的原则。"安全"指的是对行情研判的确定性要高，要求多个因素实现共振——大盘趋弱、量价背离、资金流出、指标超买、技术破位等，出现多个空头信号。说得通俗点儿就是在该点位融券卖空获利的把握大、概率高。"有效"指的是卖空开仓后能够迅速获利，因为大多数股票价格的运行遵循这样的规律：在上升时速率由慢到快且持续性较强，而下跌速率犹如"兵败如山倒"，在较短的时间内一步到位。股价涨了一年多可能在一两个月就跌光，这就是卖空的一大优势（2015 年 6 月的暴跌就是一例证）。做空点的选择，不是要空在最高点，而是要空在正确的时点。满足安全且有效的卖空点即为最佳的卖空点。

这里需要明确一个概念是"卖出点≠卖空点"。卖出点是相对于做多而言，即多头头寸的平仓位，多头的平仓的理想是卖在相对最高，保留住胜利果实；而卖空点的选择则是非常慎重与严谨的，比卖出点的内涵更深、外延更广。卖空点可以作为卖出点，但反过来卖出点作为卖空点则不一定成立。例如，股价在高位放量滞涨可以作为卖点，但股价出现滞涨并不一定就停止上涨，只是上涨力度相比前期减弱，后期若是大盘环境不差，主力机构还可能再拉上一波。显然，这时卖空就有可能被轧空。一般而言，上升行情的高位放量下跌是较为可靠的见顶信号，但是股价的高与低是相对的，而非绝对的，如果股价的一波多头行情短期上涨超过 50%，持有的多头头寸在出现放量下跌时可以作为卖点获利了结是无可厚非的。但是，这次的放量下跌有可能只是其中的一些大户在逢高减仓，之后主力机构还可能再做一波。如果看到放量下跌就急于做空，则有可能遭受损失。再如，股价也在涨升过程中，某天创出阶段性的天量时，投资者可能会认为"天量天价"出现了，卖出持仓以回避风险。但事实上是主力清洗浮筹，志在高远的表现。

（4）卖空标的与开仓时机的选择是最重要的。最理想的情况就是在卖空之后，股价即刻随之下跌，至少不会出现连续大涨的情况，否则，即是开仓点与开仓时机不对。

一般地，股价筑顶是多空不断拉锯的一段过程，直到最后的多头撤退、买盘衰竭为止。热点概念类的个股在股价达到高位后还会"折腾"一段时间。当其股价回落到一定价位时，那些前期踏空的投资人，便会"逢低买入"，这种的行为会吸引市场的短线多头进场，因而造成来回好几波的反弹。若是放空过早，空头短线易被轧空，卖空者将面临被迫回补及停损的风险。所以，即便做空者对股票大趋势向下的判断是准确的，即选择的卖空标的是正确的；但是，市场可能出现不理性行为，或者主力机构在制造一波假突破的脉冲行情，短期突然大幅飙升，使做空者出现大幅亏损。可见，卖空时点选择的重要性。特别是顶部卖空，要慎之又慎，需要结合多信号共振，技术面出现破位走势等因素选择进场时机。所以，过早地盲目地卖空是不明智的，卖空操作不但重在标的的选择，更重要的是卖空时机的选择。

（5）不宜长期做空大盘指数，应及时回补空头仓位。长期来看，人类历史与社会生产力是不断发展和进步的，纳入指数的样本指标股一般都是行业内有代表性的优质企业，期间不断有旧股票（企业经营不善）被替换。我们所熟知的道琼斯指数百年来整体呈向上走势——据测算年均上涨大约为3%左右。若长期做空指数意味着是在巨大的上涨趋势中逆势而为，所以做空大盘指数 ETF 应把握好平仓位，及时回补。

（6）融券卖空要见好就收，及时回补止盈。融券卖空理论获利空间不过100%，这种特殊性决定了融券的利润空间不宜看得过大，一般有20%~30%的利润就相当可观了，可以回补股票，止盈出局。做空的优势在于赚得快，而非一单要赚得超额利润；抓住机会，除非大势走熊，多以短空为宜，不贪心，打一枪换一个阵地，集小赚为大盈。

当个股在下跌过程出现止跌回升的讯号时要及时回补，避免利润回吐。所谓止跌回升的信号，常常是大阳线、连续两根没有下跌的 K 线、带长下影线的阳 K

线、低开高走 K 线、高开高走 K 线及其 K 线组合等。有时，快速获利后不能太贪婪，见到止跌信号后赶紧离场。

（7）融券卖空开仓必须有止损保护。止损的重要性就像刹车装置之于汽车，我们要坦然地直面错误的止损，不要回避，错误的止损也是获得盈利付出的必不可少的代价。融券卖空后若有一定的盈利空间后也可使用追踪止损，"让利润充分奔跑"。另外，如果空单被止损，有时还需要对标的股票继续追踪观察，当开空信号共振时，要有信心再度入场。有时候，一笔成功的融券卖空操作可能需要被迫止损几次，才能赚取一大波段。

（8）市盈率偏高或是技术指标超买不是融券卖空的依据。不要凭借个人感觉认为股票的价格或市盈率看起来"太高"就过早去卖空。存在即是合理，高价格、高市盈率的股票一般都有题材的支撑或是主力资金运作其中。同样，也不要因为股票的技术指标显示超买就去卖空。因为指标有可能高位钝化，虽然超卖严重，但是股价仍在持续上扬。如果盲目去卖空这类的股票，短时间内很可能就会被轧空，损失惨重。特别地，在股价步入新高时卖空无异于自杀，如果卖空腾讯这类屡创新高的股票，结果无疑是极其悲惨的。

第三节 哪些股票适合卖空

选择适合卖空的标的股票可以从基本面与技术面两个方面着手分析。

基本面卖空的机会主要在个股的"黑天鹅"事件、板块利空、周期性行业以及个股其他利空等几个方面。

一、"黑天鹅"事件存在卖空的机会

所谓"黑天鹅"事件（Black Swan Event），是指难以预测的、不同寻常的且是突发性的事件，通常会引起市场的连锁负面反应甚至是颠覆。这种说法最早可以追溯到 17 世纪的欧洲，当时人们普遍认为天鹅都是白色的，而当库克船长发现澳大利亚大陆之后，才知道原来有黑色的天鹅。金融市场的"黑天鹅"往往意味这类实质性利空将使原有的市场趋势发生毫无征兆的突然反转。"黑天鹅"事件有两大特征：第一，具有意外性，事前难预测；第二，产生重大影响事后可解释。历史上发生的欧债危机、"9·11"事件、2014 年原油暴跌、英国退出欧盟等都是典型的"黑天鹅"事件。

A 股中的"黑天鹅"事件在 2011~2012 年频繁上演。黑天鹅事件有的是外部因素，但绝大多数是上市公司自身原因造成，公司治理不完善、内部控制混乱是最主要诱因，比如产品安全、财务造假、信批不实、业绩变脸等；其中，食品饮料、医药生物等行业是"黑天鹅"事件的高发区。

（一）公司治理不当

个股突发实质性利空。

个股的利空既有内部原因也有外部原因，一般是内部因素居多。融券交易要关注并深入分析利空对公司的影响主要是暂时的还是长远的，若是巨大的实质性利空可以择机介入。

案例一：尼美舒利被爆出引发不良反应康芝药业步入漫漫熊途

2011 年 2 月，媒体爆出尼美舒利儿童用药引发不良反应；2011 年 5 月，国家药监局正式发文禁止 12 岁以下儿童使用尼美舒利，对国内最大尼美舒利制剂生产厂家康芝药业来说，无疑是灾难性的打击。该股从 2011 年 2 月中旬开始了漫长的下跌之路，其间机构大举出逃。到 2011 年 10 月底的最低价算起跌幅接近 60%。

案例二：双汇发展的"瘦肉精"事件

2011 年 3 月 31 日，央视曝光双汇生产的猪肉制品含有瘦肉精，双汇发展的股价遭受重创，在十多个交易日跌幅高达 36%。

案例三：紫鑫药业利用巨额关联交易粉饰报表

紫鑫药业自 2010 年宣布进军人参业务，此后接连公布华丽业绩数据，股价一路飙升，在不到一年的时间里暴涨近 3 倍。后有报道紫鑫药业是通过自导自演巨额关联交易来粉饰报表。紫鑫药业停牌自查，承认存在关联交易。股价在复牌之后暴跌，一直下跌至停牌前的 65%。

案例四：通化金马毒胶囊

2012年4月15日，央视曝光了13种药用铬超标胶囊药物，涉及此次质量门的通化金马，股价受到冲击，短短几天下跌了17%。

案例五：酒鬼酒的塑化剂风波

2012年11月19日，酒鬼酒被检出塑化剂超标2.6倍。塑化剂风波爆发之后，酒鬼酒7个交易日股价跌幅达到38%，其他白酒股也遭到拖累。整个白酒板块指数在十多个交易日下跌逾6%。

案例六：光大证券"乌龙指"事件

2013年8月16日11：02，沪指突然大幅飙升，2分钟内指数从2074点涨到2198点，涨幅超过5%。四大行及两桶油在一分钟内触及涨停；与此同时，股指期货也在2分钟内上涨70点。监管部门调查结果显示，光大证券使用策略交易系统以234亿元的巨量资金申购180ETF成分股，实际成交72.7亿元。同时，光大证券将18.5亿元股票转化为交易型指数基金（ETF）卖出，并卖空7130手股指期货合约。8月30日，证监会认定光大证券"乌龙指"事件属内幕交易，并对光大证券处以5.23亿元的巨额罚款，对相关当事人处以证券市场终身禁入等一系列行政处罚措施。同期，光大证券的走势明显弱于其他券商股。

（二）外部因素导致的"黑天鹅"

案例一：华兰生物突陷"失血门"

2011年7月12日，根据贵州省卫生厅的规划，华兰生物在贵州省三地的单采血浆站于8月5日最终被关停。5家单采血浆站总采浆量超过公司2011年上半年总采浆量的一半，直接引发了华兰生物的业绩危机。不到一个月时间，华兰生物股价跌幅高达35%。

案例二：比亚迪E6电动汽车起火惨案

2012年5月26日，深圳市一辆比亚迪E6电动出租车在行驶中，被一辆跑车从左后部剧烈撞击，失控后起火燃烧，车上3人无一生还。此事件使人们对电动车安全性受到质疑，比亚迪的股价不可避免地被冲击，两个多月跌幅超过四成。

案例三：獐子岛近 8 亿元扇贝消失

獐子岛 2014 年 10 月 31 日公告，因受北黄海冷水团异常影响，公司调查发现部分海域的底播虾夷扇贝存货异常，决定对受灾害影响的 105.64 万亩海域底播虾夷扇贝存货进行核销，同时对部分受波及海域存货计提跌价准备，合计影响净利润 76325.2 万元，预计公司 2014 年全年业绩亏损。股价表现：獐子岛复牌后连续两天一字跌停。经短暂反弹后，股价继续下跌，其间最大跌幅接近 20%。

案例四：熔断机制

为了防止再次出现像股灾时候的暴跌暴涨，证监会从 2016 年 1 月 4 日开始实施熔断机制，但推出效果与初衷背离，反而成了助跌大杀器，4 个交易日损失近 7 万亿元的市值。新政变成"黑天鹅"，虽然仅实施了 4 天熔断机制被管理层紧急叫停，但指数仍延续跌势，在不到一个月跌幅达到 23%。其间有些股票跌幅远超指数，存在很好的做空机会。

（三）支撑股价的预期落空

案例一：重庆啤酒乙肝疫苗神话覆灭

凭借着"治疗型乙肝疫苗"这一概念，重庆啤酒的股价涨幅巨大。2011 年 12 月 8 日，重庆啤酒公示乙肝疫苗试验结果，市场解读与安慰剂无差别，意味着重庆啤酒的乙肝疫苗神话覆灭，高企的股价也随之轰然倒塌。其股票复牌后，在不到一个月的时间里，从最高价 82.72 元跌至 19.76 元，其间跌幅高达 72%。

案例二：昌九生化梦碎赣州稀土

从 2013 年开始，昌九生化即将注入赣州稀土的消息蔓延，在众多投资者的追捧下，在 4 个月多的时间里，该公司股价从 14 元飙涨至 40.6 元，最高涨幅高达 186%，成为当时最耀眼的"黑马股"。但在 11 月 4 日，威华股份公告赣州稀土借壳上市，昌九生化迷梦破碎，股价崩盘，持续 10 个跌停板才打开，众多投资者损失惨重，高位进场的融资盘基本爆仓。

案例三：成飞集成终止重组

成飞集成（002190）在军工资产注入的预期利好催化之下，股价在 2014 年

5月至7月短短2个月内涨幅达380%。然而在12月13日，该公司公告称，主管部门国防科工局建议终止此次资产重组。成飞集成复牌后股价在13个交易日暴跌41%，高位融资盘也因此爆仓。

二、有欺诈行为的上市公司是很好的做空标的

有欺诈行为的上市公司是浑水、香橼等做空专业机构最感兴趣的猎物，通常依据其独特而完善的调研体系，寻找出企业的财务与经营造假证据，建立空头仓位，发布调查报告，在标的股票下跌中获利。2011年2月，浑水公司质疑中国高速频道的盈利能力和财务数据，引发中国高速频道股价暴跌，从16.6美元跌至0.12美元，最终摘牌退市。2011年6月，浑水曝光嘉汉林业虚构资产和收入。两天内，嘉汉林业股价暴跌约75%，市值损失超过50亿美元，最终破产。2011年4月26日，香橼发布报告称东南融通利润率造假，该公司股价当日就暴跌近13%。4个月后退市，退市当日收盘报0.78美元，较停牌前收盘价下跌95.9%，从此香橼一战成名。

在A股市场，财务造假案也屡见不鲜，早期便有"造假四大天王"——琼民源、郑百文、银广夏、蓝田股份。上市公司财务造假多是虚增收入和利润，有的像绿大地、万福生科、海联讯为了IPO顺利上市而造假，有像南纺股份、华南生物、莲花味精为避免业绩亏损而造假，亦有像珠海中富、创兴资源为重组收购而造假。监管层多次明确表态，对欺诈行为"零容忍"，不断加大打击和处罚力度，2017年11月，欣泰电气成为欺诈发行退市第一股。

案例一：万福生科财务造假案

2013年3月2日，万福生科发布自查公告，承认2008~2011年累计虚增收入7.4亿元左右，虚增营业利润1.8亿元左右，虚增净利润1.6亿元左右。4月22日停牌前的34个交易日中，其股价累计跌幅达29.64%。

案例二：雅百特财务造假案

2017年12月16日，雅百特公告了证监会的《行政处罚决定书》。经查，雅百特于2015年至2016年9月通过虚构海外工程项目、虚构国际贸易和国内贸易等手段，累计虚增营业收入约5.8亿元，虚增利润近2.6亿元，其中2015年虚增

利润占当期利润总额约 73%，2016 年虚增利润占当期利润总额约 11%。在公告后不到 2 个月的时间里，公司股价几近腰斩。

三、其他利空

其他利空通常有巨额融资、业绩预减、股东巨额减持、解禁股上市、信披违规等。但是，对于这些利空要具体分析，看大势状况，利空影响程度等。在同时期大盘不佳，利空影响较大的时候，存在较好的做空机会。

案例一：巨额融资

2012 年 8 月 10 日，太平洋证券公告再融资 50 亿元，而当时其总市值才 97 亿元，加之上市以来业绩持续不佳，公告后股价两个月下跌超过两成。

案例二：业绩预减

上海新世界股份有限公司在 2016 年 2 月 19 日公告，预计 2015 年度实现归属于上市公司股东的净利润与上年同期将减少 75%~80%。新世界股价在 7 个交易日跌了 16%。

案例三：股东巨额减持

华映科技 2017 年 1 月 23 日公告，未来 6 个月内控股股东与其他两个股东在未来 6 个月内共计减持不超过 8000 万股。股价在不到两周内下跌 13%。

四、板块出现实质性利空

案例一：日本核泄漏重挫中国核电股

2011 年 3 月 11 日，日本发生 9 级特大地震并由此引发核泄漏危机，之后，核泄漏事故接连升级，迅速波及中国核电概念股。沃尔核材、东方锆业、中核科技、东方电气等多只核电概念股全线下跌。3 月 16 日，国务院决定对我国核设施进行全面安全检查，调整核电发展中长期规划并暂停审批核电项目，当日核电概念股再度全线暴跌。沃尔核材在不到 4 个月里跌幅超过四成。

案例二：动车追尾事件重挫高铁概念股

2011 年 7 月 23 日，在温州发生了动车追尾事故，媒体对高铁的安全性提出质疑，致使高铁板块重挫，相关概念股全线下跌。龙头股晋亿实业在不到 2 个月内跌幅接近四成。

五、周期性行业，适宜卖空

周期性行业做空的最佳时期是选择在行业由繁荣开始转弱的初期，详细分析及案例见本书第五章第二节。

技术面适宜卖空的股票主要研判几个方面：大势是否走熊；个股其技术形态是否呈空头发散状；走势是否呈现弱势特征等。

六、熊市中适合卖空的股票首选牛市的龙头股

在牛市中涨幅巨大的龙头股，在熊市中往往是很好的卖空标的。这些龙头指标股常常"驻扎"了不少机构投资者，丰厚的获利使他们变成潜在卖方；而且当市场风险来临时，有些机构投资者往往"先知先觉"，快一般投资者一步，庞大的获利盘使股价卖压沉重。例如，曾经的大牛股中国船舶、中国远洋、天威保变等，在熊市中基本上都被打回原形。

七、放空紧盯弱势股

弱势股可以作为放空的首选，道理很简单，弱势股弱于大盘，下跌的概率大，则放空的胜率高。

弱势股一般有几个明显的特征：人气低迷，交投不活跃；弱于大盘，大盘涨，它微涨或横盘；大盘跌，它比大盘跌得多；大盘止跌，它继续小跌，大盘反弹，它基本不动。技术形态呈破位走势，均线系统呈空头排列，走下降通道，其间的反弹多是抵抗性的弱势反弹，反弹幅度小，时间短。

第四节　哪些股票不宜卖空

一、流动性差的股票不宜卖空

流动性差的股票一般有两类：一是流通股本较小，交投不活跃；二是成交量小，成交低迷。流动性差的股票不宜卖空的主要原因是：如果大盘突然上扬，或是某一大户入场，只要出现极少量买盘就可使股价迅速飙涨，融券交易者瞬间就会遭受极大的损失。另外，由于此类股票因交易量较小，难以用量价分析来准确判断它的走势。

二、走上升通道的股票不宜卖空

上升通道是股票的5日、10日、20日均线呈多头发散状，沿着一个上升通道上涨。这类股票常常有主力资金运作其中，整体走势独立于大盘，表现出比较强的独立性和抗跌性。这类股票最起码短线来看是走上升趋势，融券卖空无疑是逆势操作，风险大收益低。

三、融券余额较大的股票不宜卖空

融券余额较大的股票易发生"轧空"头现象。"轧空"的字面意思就是倾轧空头。"轧空"是多头发力拉升股价，逼迫空头斩仓，高位回补，这时股价是火上浇油，涨势反而更急。另外，一旦标的公司公告对空头不利的信息，空头竞相追价平仓，空头相互践踏，形成"空杀空"的现象。

我们就拿国金证券（600109）这只个股来做一下简单的分析和探讨。国金证券从2013年11月15日行情启动前大约有3200万股融券余量，在12月5日左右，融券余量达到最大3630万股，融券余额也达到6.8亿元。其间该股上涨了52%，空头主力增仓了400多万股，股价在12月23日，巨额空单回补，融券余量只剩数十万股。此次多空大战的案例中，融券主力以亏损出局。

从这一案例中，我们可以看出两点：其一，融券余量较大的个股易被多头当作"猎物",拉升股价逼迫空头高位回补,被多头轧空。其二,有些具有可想象概念的股票也不要轻易卖空。当时国金证券公告与腾讯独家合作,依托腾讯高品牌性的互联网平台,推出了"万二"的"佣金宝",被市场赋予了"互联网券商金融"概念,吸引了部分资金介入炒作,其股价走势当时明显强于同行业的其他券商。

证券史上最经典的逼空案例是大众汽车股票逼空事件。2008 年年中,因保时捷收购大众汽车,推高了大众的股价;当时,正是全球性的金融海啸,全球资本市场动荡,一些投资机构认为使其股价高于合理水平,估值倍数也高于同业,于是部分对冲基金便开始大规模地押注做空大众——大众的空单余额一度达到了最高峰——总股本的 12.9%。在 10 月 26 日收盘后,保时捷公司突然宣布,持有大众 43% 的股份和相当于 31% 股权的期权,这意味着保时捷对大众股权的控制上升到了 74.2%;除去萨克森州政府持有的 20%,市面上流通的大众股票只有总股本的 5.8%,卖空仓位却高达 12.9%,这对空头无疑是致命利空。第二天开盘后,多空资金纷纷入场抢购大众的股票,多头资金推高股价逼迫空头高位回补,空头则是为了尽可能抢先平仓,这使大众的股价似脱缰的野马,从 210 欧元飙涨到 519 欧元,短短两天时间竟然创下 1005 欧元的历史高价,在那一刻,大众汽车的总市值高达 3000 亿欧元,超越埃克森—美孚公司成为世界第一。因大众是德国 DAX 指数的权重股,当天 DAX 指数被推涨了 10% 以上,甚至还带动了美国标普指数反弹超过 10%。这一多空世纪大战使大盘指数产生扭曲,不利于金融市场的稳定,于是由法兰克福交易所出面协调,保时捷公司主动释放出 5% 的股票让未平仓的空头平仓,大众股票的交易才得以恢复正常。事后有人估计在这场"轧空"事件中对冲基金损失超过 200 亿美元。这虽然是一个极端案例,但也说明"轧空"对于卖空者而言是一个巨大的风险。

有两个指标可以监控"轧空"风险度:一是"卖空净额比",卖空净额比=卖空股份总额÷每日成交量,它表明做空者平仓所需要的天数。一般而言,如果所需天数超过了 5 天,便意味着这只股票存在"轧空"风险。二是"卖空份额比",卖空份额比=卖空股份总额÷自由流通股份总额,它表明空单占流通股份的比重。如果卖空股票占到了自由流通股票较大的比例,如高于 10%,便会存在较高的"轧空"风险。

融资融券数据信息在中证公司网站以及一些大型的财经网站都有公布,融券交易者必须时刻关注这些重要信息。

四、强势股不宜卖空

强势股一般是一波行情的龙头股，也可以是热点板块中的代表性股票。强势股的涨跌，会影响同板块股票的涨跌。强势股走势强于大盘，不理会大盘的涨跌，走独立行情。涨时快，跌时慢，大涨小回，洗盘凶悍，往往一拉就是大阳，甚至是涨停。

强势股短中均线系统呈明显的多头排列，K线排列极有规则，股价不会轻易跌破10日均线。成交换手率积极，一般不低于5%，某些交易日达到10%以上。股价拉升时，分时线往往会非常的顺滑并且挺拔有力，大单密集成交，上涨速度极快。

强势股有着"百足之虫死而不僵"的韧性，卖空强势股易被"轧空"，卖空这类股一定要慎重，需持续跟踪观察。一般地，缺乏实质性业绩支撑，只是昙花一现的概念股最终是"从哪里来就回哪里去"，如曾经的金改概念、自贸区概念，等等。这类股票的卖空时机要选择在题材退潮，主力资金流出导致走势转弱，败像已现时出手。

第五节　融券交易注意事项

（1）要对融券特有的杠杆交易风险、强制平仓风险、监管风险，以及信用、法律风险等有清醒的认知。因此，不是每个投资者都适合从事该项业务。投资者对融券要做好风险承受的心理准备，则要根据自己的风险偏好和风险承受能力，决定是否参与该项业务。如果决定参与，则要找到适合自身的交易模式。

（2）新手不宜参与融券交易。融券的特性决定了这种投资形式的风险较大，所以融券交易比较适合对股市风险认知度较高、对风险有一定的心理承受力和经济承受力、愿意承担较高风险、追求高收益的投资者。对于初涉股市的新手来讲，建议暂时不要参与。

（3）选择合适的券商。不同的券商提供的融券服务在规模和券种齐全度、费率、保证金比例和折算率等方面都不同，服务会有区别。一般小型券商可能面临的各种券源不足问题，而大型券商券源相对多些。

（4）投资者需认真学习，理解融券业务的规则，熟悉证券公司的相关规定，增强对融资融券交易风险的认识，投资者在与证券公司签署融资融券合同时，要认真阅读合同内容，明确双方权利义务及其中的免责条款。对于融资融券交易涉及的权益处理事项、特殊情况下未了结融资融券交易处理、强制平仓、通知与送达的约定等，投资者要充分理解。关注融资融券的额度、期限、利率、费用、计息方式、保证金比率及可充抵保证金的有价证券种类和折扣率，通知补仓的程序，强制平仓的权限和方式及其他有关事项，密切关注标的证券融资融券整体余额变化情况，密切关注个人融资融券余额变化情况。

（5）先从做小单做起，熟悉了交易规则与适合的交易模式之后，再放大交易规模。

（6）多留意公开信息披露的整个市场的融资融券交易相关信息资融券方面的各种信息：融资融券标的证券的证券代码、证券简称、保证金比例；可充抵保证金证券的折算率；前一交易日单只标的证券融资融券交易信息，包括融资买入额，融资余额、融券卖出量、融券余量等信息；前一交易日市场融资融券交易总量等。

（7）投资者要注重流动性管理。融资融券类似于期货市场的逐日盯市制度，投资者在交易过程中需要全程监控保证金水平，以保证其不低于所要求的维持保证金比例。因此，如果以证券作质押物，则应尽量选择股性稳定或抗跌性强的股票或国债。根据有关规定，客户维持担保比例不得低于130%。当客户维持担保比例低于130%时，会员应当通知客户在约定的期限内追加担保物。前述期限不得超过2个交易日。客户追加担保物后的维持担保比例不得低于150%。投资者信用证券账户维持担保比例超过300%时，方可提取保证金可用余额中的现金或可充抵保证金的有价证券，但提取后维持担保比例不得低于300%。投资者急需资金周转时，只有了结全部融资融券交易，才能提取信用账户内的全部资产。

（8）投资者重点选择对冲交易模式。因单边做空风险较大，建议投资者多采取空头和多头相结合的组合投资配置，即通过多空组合，对冲大盘风险或行业风险，只追求标的相对收益的市场中性投资策略。

第五章　基本面融券卖空分析

融券卖空与做多一样，必须把握准宏观的经济大气候，关注各项经济政策，研究中观行业兴衰，分析微观的上市公司经营、盈利的现状和前景；再辅之以技术走势，寻找多个空头信号共振的开空时机。因此，基本面分析是做好融券卖空的首要一步。

基本面分析包括宏观经济分析、行业分析和公司分析。

第一节　宏观经济分析

宏观经济环境是所有上市公司赖以生存和盈利的基础，是证券市场系统风险的主要来源。在经济繁荣时，企业持续盈利，股市也趋于繁荣；相反，在整体经济不景气时，系统风险增大，几乎所有上市公司都难逃股价下跌的命运。因此，宏观经济分析对于指导投资者的投资行为起着非常重要的作用。

市场经济发达的国家，积累了一百多年来的历史经验，得出股市是经济的"晴雨表"的结论，这既表明股市是宏观经济的先行指标，也表明宏观经济的走向决定了股市的长期趋势。可以说，宏观经济因素是影响股市走势的最重要的因素，其他因素可以暂时改变股市的中期和短期走势，但改变不了股市的长期走势。宏观经济环境对整个股市的影响，既包括经济周期波动这种纯粹的经济因素，也包括政府经济政策行为等混合因素。宏观经济因素对证券市场的影响不仅是根本性的，而且还是全局性和长期性的。从世界证券市场的发展史来看，成熟证券市场的每一次牛市均是以宏观经济向好为背景的；而每一次熊市的形成都和宏观经济发展趋缓或衰退是密不可分的。因此，要想成为一个成功的融券投资者，必须高度重视宏观经济状况及其走向。也正因为如此，证券市场中才有了"顺势者生，逆势者亡""选股不如选时，选时不如选势"等投资格言。

宏观经济分析主要集中在宏观经济运行、经济政策和国外政治经济环境三个方面。

一、宏观经济运行分析的主要方面

（一）GDP（国内生产总值）的变动

GDP 是指在一定时期内（通常为一年），一个国家经济中所生产出的全部最终产品和劳务的价值总额，是一国经济成就的根本反映，是衡量国家经济状况的最佳指标。GDP 的增长率反映了一定时期整个宏观经济发展水平变化程度的动态指标，对股市的影响巨大。

从长期看，股票指数的变动与 GDP 的变化趋势是相吻合的。但在某段时间也是不相关的。这也说明了股票市场的复杂性与随机性。

具体到我国而言，在股市建立初期，因为制度设计上的局限和体制性的问题，资本市场存在一些深层次问题和结构性矛盾没有得到解决，使这一时期的股市明显打上"政策市"的烙印。在这种背景环境下，股票指数与 GDP 走势之间的关联关系被不同程度地弱化，两者之间经常呈现非正相关甚至负相关关系。例如，2001~2011 年我国 GDP 增长超过了 4.3 倍，但是 A 股却出现了"零涨幅"——沪指 2001 年开盘价是 2077 点，2011 年收盘价是 2199 点。而反观其他新兴经济体，印度与巴西股指涨幅超过了 4 倍，俄罗斯股指上涨更是超过 10 倍。其中主要原因是 A 股市场规模小，受到政策调控的影响大。随着股权分置的完成，代表各个行业优质企业的不断上市，市场规模的不断扩大，证券化率（证券总市值与 GDP 的比率）在逐年上升，股票指数与 GDP 的关联度也在逐步提高。指数在 2011 年以后的市场走势也证明了这一点。

（二）经济周期变动

一个国家的经济景气度往往呈现周期性循环变动，经济的衰退与繁荣，必然会影响上市公司整体经营业绩的起伏。当经济开始衰退时，企业利润减少，就业人数下降，人们的收入减少，投资者纷纷抛售股票，导致股价下跌；当经济危机时，企业纷纷倒闭，投资者对股市信心下降，争先恐后卖出投票，股价大幅下跌；当经济复苏时，企业效益开始好转，投资者觉得未来预期向好，于是开始买进股票，使股价逐步回升；当经济进入繁荣阶段，企业盈利明显增加，就业增加，消费需求旺盛，股息、红利逐渐增多，投资者纷纷抢购股票，股价快速升高。

股市是经济的"晴雨表"，股市与经济周期的关系是紧密相关的，但又不是简单的正相关。国外成熟市场的长期走势表明：股票市场与宏观经济的方向有2/3 的时间段是一致的，另有大约 1/3 的时间段是不相关的。这是由于国家的货币政策、财政政策、国内外重大的政治与经济事件等诸多因素都会对股市产生重大的影响。我国宏观经济与股市之间保持着若即若离的微妙关系，大盘指数的走势与经济景气度在某段时期可能出现严重背离。2001~2005 年是中国经济高速发展时期，经济增长率维持在 8.3%~10%的高增长，宏观经济表现非常出色，但中国股市不但没有分享宏观经济高速增长的红利，反而经历了 5 年的大熊市。其根本原因就是受到国有股二级市场减持政策的大利空影响。

（三）通货变动

CPI 是度量通货膨胀的一个重要指标。CPI 即居民消费价格指数，是反映与居民生活有关的消费品及服务价格水平的变动情况的重要宏观经济指标，也是宏观经济分析与决策以及国民经济核算的重要指标。CPI 的高低直接影响着国家的宏观经济调控措施的出台与力度，如央行是否调息、是否调整存款准备金率等。因而，CPI 的高低也间接影响着资本市场的变化。

一般来说，适度的温和的通货膨胀有刺激股市上涨的作用。通货膨胀的初期，由于"负债效应""税收效应"和"存货效应"，刺激了企业利润增加，以货币形式表现的股价上升；另外，货币供给量增加，对股票的需求增加，也促使股票价格上涨。严重恶化的通货膨胀对股市产生负面效应，将从三个方面影响股票价格：其一，货币加速贬值，这时人们将会囤积商品、购买房屋等进行保值。大量的资金必将流出股市，引起股价下跌。其二，经济扭曲和失去效率，企业筹集不到必需的生产资金，同时原材料、劳务成本等价格飞涨，使企业经营严重受挫，盈利水平下降，甚至倒闭。其三，当通货膨胀恶化到一定程度，必然招致政府干预，动用一些紧缩性的货币政策，从而信贷收缩，资金流出，造成股市的进一步下跌。

在 A 股市场，一般地，只要 CPI 在 3%以下，股市的机会就较多。但是，当CPI 超过 5%以上时，市场很难有大行情，甚至可能引发股市下跌。通胀有无牛市。2007 年 10 月~2008 年 7 月，我国 CPI 从 3%上涨到 8.4%，同期 A 股一路暴跌，上证综指从 6124 点跌至 1664 点。2009 年 CPI 由负转正，股指开始一路反弹。2010 年 11 月，CPI 又上升超过了 5%，股市见顶开始下跌。

二、经济政策分析

国家出台的经济政策主要表现在财政政策、货币政策与股市政策（监管层为了证券市场的健康稳定发展而出台各项政策法规的统称）三个方面。因为我国股市成立时间较短，制度的健全和完善必然是一个渐进的过程；此外，股市整体规模相对较小，证券化率较低，因而，A 股在此期间受到政策调控和货币政策的影响极大，被明显打上"政策市"和"资金市"的烙印。政策调控成为影响 A 股走向的决定性力量。大盘指数历史上的几个重要的顶部与底部都是政策调控的结果。在我国，"政策面"对股市的影响极大，回顾这十多年来指数的重要底部与顶部，背后几乎都有政策调控的影响。

（一）财政政策

财政政策是政府依据客观经济规律制定的指导财政工作和处理财政关系的一系列方针、准则和措施的总称。财政政策手段主要包括国家预算、税收、国债、财政补贴、财政管理体制、转移支付制度等。这些手段可以单独使用，也可以配合协调使用。

财政政策分为扩张性财政政策、紧缩性财政政策和中性财政政策。我国采用的是"相机决策"的财政政策。当经济形势不振时，实施扩张性财政政策将刺激投资，扩大就业，股票市场趋于活跃，股价自然上涨。另外，如果政府采取产业倾斜政策，积极投资于能源、交通等基础产业投资，从而刺激相关产业如水泥、钢材、机械等行业的发展，这类行业的股价必然将会上涨。例如，2008 年底，为抵御国际经济环境对我国的不利影响，国务院出台了进一步扩大内需，涉及 4 万亿元的投资刺激计划。紧缩性财政政策的目的是使过热的经济受到控制，政府通过减少赤字，增加国债的发行，减少财政补贴等政策，来压缩社会总需求，抑制经济过快虚长，股市将走弱，股票价格也将下跌。中性财政政策对股市的影响不甚明显。

（二）货币政策

所谓货币政策，是指政府为实现一定的宏观经济目标所制定的关于货币供应和货币流通组织管理的基本方针和基本准则。

货币政策的运作主要是指中央银行根据宏观经济形势采取适当的政策措施调控货币量和信用规模，使之达到预定的货币政策目标，并以此影响经济运行的运作。根据运作方向可以将货币政策分为紧缩的货币政策和宽松的货币政策。

所谓紧缩的货币政策就是减少货币供应量，提高利率，加强信贷控制。如果市场物价上涨，需求过度，经济过度繁荣，被认为是社会总需求大于总供给，中央银行就会采取紧缩货币的政策以减少需求，股市将下跌。所谓松的货币政策就是增加货币供应量，降低利率，放松信贷控制。如果市场产品销售不畅，经济运转困难，资金短缺，设备闲置，被认为是社会总需求小于总供给，中央银行则会采取扩大货币供应的办法增加总需求，将会刺激股市上涨。

货币政策对经济的调控是总体上和全方位的，对股市总体走向的影响巨大，反映在 A 股上有着"资金市"的特征。

货币政策对股票市场的影响主要通过货币政策工具起作用。中国人民银行使用的货币工具主要有法定存款准备金率、存贷款利率、中央银行贷款、再贴现率、公开市场操作、中央银行外汇操作、贷款限额和中央银行等。影响我国股市的一大因素就是资金，因为上涨必须由资金来推动，将我国股市合作"资金市"是有道理的。对我国股市影响较大的常见的货币政策主要是利率与法定存款准备金率。

1. 利率

投资大师保罗·麦肯有句名言："股市，看着利率的脸色行事。"这句话形象地描述了利率变动与股指涨跌的关系。

对股市而言，利率的变动犹如强地震，其影响是长期的。一般而言，利率与股价呈负相关的。利率影响股价趋向的内在机制主要表现在以下两方面：①利率变动影响持币者投资行为与储蓄行为的相互转换，从而影响到资金的流向。资金的本质是追逐高利润的。降低存款利率，将使庞大的民间储蓄资金分流到股市和其他投资领域。1995~1996 年我国股票市场的大牛市，就是在人民币保值贴补业务，两次较大幅度的下调降息的背景下产生的，那段行情被称为降息的牛市。在不到一年的时间，上证指数便从 500 多点涨到 1200 多点。降低利率，还使更多的资金进入消费领域，这对经济增长和上市公司的经营都将起到积极作用，对股市有利。相反，若提高利率，将使人们的储蓄倾向上升，投资和消费倾向减弱，必然会抑制经济的增长，对股市不利。②贷款利率的变化，直接影响到上市公司的财务成本，故对企业的利润影响极大。若降低利率，就会降低企业的经营成本，利润增加，每股收益增长，推动股价上涨。相反，若调高利率，则企业的经营成本将上升，企业利润和每股收益都将下降，股价因此下跌。

利率的变化是宏观经济调控政策松紧的重要指标之一，它对流动性具有非常大的影响。低利率意味着流动性充裕，而高利率意味着收紧银根。目前，A股市场很多时候还是由流动性来主导的，因此，利率对证券市场就是利益攸关。

我国在 1996~2002 年连续八次降息，一年期存款利率由 10.98% 下降到 1.98%，降幅高达 81%，上证指数从 1996 年 5 月 11 日的 516 点涨至 2001 年 6 月 14 日的最高点 2245 点，涨幅为 335%。

在正常情况下，利率与股指呈负相关关系，但不能将此绝对化。当市场处于比较极端的过热或者过淡行情时，利率的调整对股价的影响作用有限。最典型的案例是 2007 年我国连续六次加息，一年定期存款利率由 2.25% 提升至 4.14%，上证综指却从年初到 10 月中旬一路上涨，从 2675 点最高冲至 6124 点。而 2008 年我国虽然连续四次降息，一年定期存款利率由 4.14% 降至 2.25%，我国股市却并不买账，上证综指从 2008 年初的 5261 点一路暴跌至 10 月中的 1664 点。

2. 法定存款准备金率

法定存款准备金是指商业银行为保证客户提取存款和资金清算需要而准备的在中央银行的存款。中央银行要求的存款准备金占其存款总额的比例就是存款准备金率。中央银行通过调整存款准备金率，可以影响商业银行的信贷扩张能力，从而间接调控货币供应量。当中央银行提高法定存款准备金率时，商业银行可运用的资金减少，贷款能力下降，货币乘数变小，市场货币流通量便会相应减少。中央银行可以通过存款准备金率货币供应量，从而影确货币市场和资本市场的资金供求，进而影响证券市场。

调整利率或法定存款准备金率，都能有效达到调控流通货币总量的目的。其中，利率是价格型调控工具，可以直接调节流通市场的货币供应量。而法定存款准备金率是数量型调控工具，主要目的是调控银行信贷规模。利率比存款准备金率调控市场流动性的力度大，对股市的影响就大些；因而央行对利率的调整非常谨慎，存款准备金率则成为常用的调控工具。

3. 选择性货币政策工具

选择性货币政策工具是指中央银行针对某些特殊的经济领域或特殊用途的信

贷而采用的信用调节工具。为了实现国家的产业政策和区域经济政策，央行采取直接信用控制或间接信用指导，对不同行业和区域实施区别对待的方针。那么，一些优先发展的产业和国家支柱产业以及农业、能源、交通、通信等基础产业及优先重点发展的地区的股票价格则可能表现活跃。

中国 A 股市场"资金市"的特征非常明显。股指走势与货币政策基本呈现正相关，即货币政策宽松意味着股市流动性充沛，市场进入上升趋势；货币政策紧缩意味着股市流动性紧张，市场进入下降趋势。例如，2009 年采取的是极度宽松的货币政策，一年的信贷投放达 9.6 万亿元，是常规年份的 2 倍，同时 4 万亿元大投资的刺激，对于股市起到推波助澜作用，指数自 1664 点上涨至 3478 点，涨幅达到 109%。这也是积极的财政政策与适度宽松的货币政策协调配合。而在 2009 年 7 月，信贷规模由 6 月的 1.39 万亿元锐减到 7000 亿元，信贷规模的大幅萎缩，是国家宽松政策退出的标志之一。此后管理层论调透露出货币政策紧缩性"微调"信号，先知先觉的资金开始大规模撤退，3478 点的阶段性顶部就此确立。2011 年是个典型的货币紧缩调控年，随着 CPI 数据逐月走高，4 次上调存款准备率至 20% 的高位，两次加息。2011 年 4 月 18 日，时任央行行长周小川公开表示，"上调存放准备率不存在绝对界限"。货币政策紧缩明显，指数一路下跌至 12 月 28 日的 2134 点，跌幅达到 30%。大势走熊，个股做空的机会数不胜数。

（三）股市政策

股市政策即为监管层为了证券市场的健康稳定发展而出台的各项政策与制度法规。股市政策主要有上市发行制度、业务交易制度和监督管理制度等。具体包括：新股发行的额度与方式、信息披露、交易业务规则、印花税税率的调整、大小非减持、股权分置改革、融资融券、股指期货、注册制改革等；此外，重要媒体（《人民日报》等）对股市的态度与重要人物的讲话无不影响着市场的走势，有些影响是短期的，有些的影响是长期的、深远的。因为我国股市正处在发展初期，由于制度设计上的局限和体制性的原因，资本市场存在一些深层次问题和结构性矛盾没有得到解决，使这一时期的股市明显打上"政策市"的烙印。"政策市"亦成为中国股市的一大特色。政策对股指的走向影响极大，每出台一个与证券市场有关的重大的法律法规，都必然对证券市场产生一定的影响。

1. 近年来我国股市相关政策及影响

1996 年 4 月，国务院批示证券市场要"稳步发展，适当加快"；之后 5 月降息，股市大涨，指数从 512 点上涨至 1258 点。

1996 年 12 月 16 日《人民日报》刊出《正确认识当前股票市场》的评论员文章，文章指出，当前的股票市场存在极大风险，必须坚定不移地贯彻"法制、监管、自律、规范"的八字方针，抑制过度投机，防范市场风险，维护市场稳定发展。股指在几天内下跌超过 30%。

1997 年 5 月调高印花税，加大新股发行额度为 300 亿元，下发《严禁国有企业和上市公司炒作股票的规定》与《关于禁止银行资金违规流入股市的通知》。指数见顶回调了 20%。

1999 年 5 月，国务院批准了改革股票发行体制、扩大证券投资基金试点规模、保险资金入市、逐步解决证券公司合法融资渠道、B 股回购股票政策等"搞活市场"六项利好政策，在网络科技股热潮的引领下，股市走出了一波凌厉的飙升走势，在不到两个月的时间里，上证综指涨幅超过 65%，这就是著名的"5·19"行情。

2000 年春节后，管理层出台了《关于向二级市场投资者配售新股有关问题的通知》和《证券公司股票质押贷款管理办法》两大利好政策，指数创出历史新高 2125 点，涨幅达到 37%。

2001 年 6 月，国务院正式发布《减持国有股筹资社会保障资金管理暂行办法》，明确国有股减持执行市场定价。但投资者认为这是与二级市场争利，2245 点政策顶确立，之后走了四年的大熊市。

2005 年 6 月，股权转让分置改革正式开始，随即一系列让利于二级市场投资者的政策陆续出台，波澜壮阔的大牛市行情就此展开，上证综指从 998 点上涨至 6124 点，涨幅超过了 5 倍。

2008 年 11 月，国务院出台扩大内需促进增长 10 项措施，并配套了 4 万亿元投资计划和 9.6 万亿元信贷扩张，还有下调存款准备金率等一系列重大利好政策，指数于 1664 点见底一路上涨至 3478 点，涨幅达到 109%。

2009 年 7 月信贷规模大幅锐减，传递出宽松货币政策即将终结信号以及彻查信贷资金是否违规入市，抽紧了 A 股的流动性，此后大盘暴跌 24%。

2010 年 3 月 31 日，融资融券交易正式进入市场操作阶段；4 月 16 日，股指期货合约上市挂牌交易。两融与股指期货的推出，其初衷是为了终结单边市，让市场不至于暴涨暴跌，但是由于市场的不成熟，这些重大的股市制度反而会加剧市场的波动。当时再叠加房地产市场的利空以及收紧流动性等利空，上证指数从 3181 点一路下跌，在不到 3 个月的时间里，跌幅超过 27%，个股跌幅普遍在 30%~50%。

2015 年 6 月，整顿两融、核查场外配资，"降杠杆"，被市场视为管理层发出"信号"，从而引发市场恐慌，多头践踏，指数在不到 3 个月的时间里暴跌超过 40%。

2016 年第一个交易日，正式实施"熔断机制"，指数当天两次触发了跌幅熔断阈值。虽然管理层推出熔断机制的根本出发点是为了稳定市场，控制风险；但是，推出效果与初衷背离，反而成了助跌大杀器。在股市下跌时，投资者担心因继续下跌触碰熔断阈值暂停交易，会提前大量卖出股票，恐慌情绪导致股指快速触及熔断机制。虽然仅实施了 4 天熔断机制被管理层紧急叫停，但指数在不到一个月跌幅达到 23%。

2. 如何理解和把握股市政策

首先，把握住股市政策的核心：管理层干预市场的根本出发点是维护股市稳步发展，避免暴涨或暴跌。A 股历来具有高位出利空，低位出利好的规律；如果股市持续低迷或恐慌暴跌，管理层会出台利好政策，甚至政府资金直接入市；反之，在股市连续暴涨，价格严重背离价值时，出台抑制股市投机的政策。总结一句话：市场过热时将加强监管，市场低迷时政策转暖。

其次，要将基本面、政策面和技术面等结合起来分析研判。股市运行有其本身规律，指数的涨跌是多方面合力共同作用的结果。一般来讲，当指数处于多空平衡状态时，利好政策将推动指数上涨，利空政策将导致指数下跌。在多头市场中，利好政策是"火上浇油"，将加快上涨速度，延长上涨时间，扩展上涨空间；一般的利空政策只是在一定程度上产生负面影响。在空头市场中，利空政策是"雪上加霜"，将加快下跌速度，延长下降跌时间，扩展下跌空间；一般的利好政策只在一定程度上减缓下降速度，并可能缩短下降的时间。

一般来讲，若非特重大利好或利空政策，一般很难改变当前的市场趋势。"政策失灵"案例屡屡发生。2008 年 4 月 24 日，财政部下调印花税率，上证指数反弹后继续暴跌。2008 年 9 月 19 日，政府出台"中央汇金公司将在二级市场入场"等三大救市利好，但仍未扭转下跌趋势。2015 年 7 月，政府虽然出台了打击做空，暂停新股发售，向市场注资护盘等救市措施，但市场人心涣散，略微企稳后又开始新一轮暴跌。

最后，及时了解分析和揣摩政府重要部门，特别是证监会、央行、银监会主要负责人的经济观点、主张和重要讲话，从而预见政府可能采取的经济措施和采取措施的时机。2011 年第一季度四次上调存款准备金率，两次加息，在 4 月 18 日，时任央行行长周小川公开表示，"上调存放准备率不存在绝对界限"。紧缩的货币政策使指数一路走低。

就融券投资者做空而言，多研究和关注管理层直接或间接调控股市的常见政策手段，当政策意图明显的时候，能及时感知市场环境的冷暖，进而结合市场的具体走势，寻找做空信号，把握开空时机。2011 年 A 股市场正处于货币政策紧缩期，多次上调准备金率，市场处于空头市场之中。5 月 23 日，证监会又一次提到"积极做好国际版的各项工作""国际版越来越近了"，在这样的背景下推出具有融资性质的国际板明显是一个重大利空。指数当日向下低开下跌接近 3%，是一个明显破位下行的做空信号。

三、国际重大政治经济事件对 A 股产生影响

由于全球经济一体化的发展，我国经济与世界经济的联系日趋紧密，特别是加入 WTO 之后，我国资本市场也在逐步开放。虽然目前我国人民币还没有实现完全自由兑换，证券市场也是有限度地开放，相对独立；但是，国际重大政治经济事件与国际金融市场的剧烈动荡同样会通过各种途径影响我国的证券市场。2001 年 "9·11" 事件发生后，全球主要股市均大幅下挫，A 股也连续一路阴跌超过 15%。2007~2008 年的次贷危机导致的全球金融危机，造成出口与外商直接投资下降，影响了上市公司业绩和投资者信心，A 股从 6124 点跌至 1664 点，跌幅高达 72%。2011~2012 年的熊市也是部分受到欧盟主权债务危机的影响。2011 年 3 月 11 日日本大地震引起核泄漏的消息引发恐慌情绪，全球股市震荡，A 股也不可避免地受到拖累而下跌。此外，国家间的军事冲突与地缘形势紧张也明显地影响 A 股。2012 年 5 月 9 日，受到黄岩岛紧张局势的影响，A 股收跌 1.65%，是一个月以来的最大单日跌幅。

四、人民币汇率的波动影响 A 股市场

汇率对证券市场的影响是多方面的。一般来讲，一国的经济越开放，证券市

场的国际化程度越高，证券市场受汇率的影响越大。国际金融市场动荡通过人民币汇率预期影响 A 股市场。

（1）汇率的波动会影响到国际资本的流入和流出。一国本币汇率持续上升是一国整体经济实力增强的一种体现，这样会吸引国际资本流向该国，其中一个主要流向就是股市，必然会对股价上升起积极作用。反之，一国汇率走弱，本币贬值，将导致资本流出本国，利空股市。1995~2000 年美元指数从 85 上升到 103，升幅为 21%，其间道琼斯指数从 3844 点上升到 10787 点，升幅为 180%，即美元指数每升值 1 个百分点，道指平均上涨 5.8 个百分点。日本由于经济不振，日元兑美元汇率曾经长期弱势，对国际资本缺乏吸引力，股市也持续十多年低迷不振。港币历史上几次大的汇率波动，都对恒生指数产生了较大的影响。

我国于 2005 年 7 月 21 日宣布，自即日起，开始实行以市场供求为基础的、参考一篮子调节的、有管理的浮动汇率制度。人民币汇率不再盯住单一美元，而是形成更富弹性的人民币汇率机制。在汇率制度的改革下，强化了人民币的升值预期，造成"热钱"流入。同期，我国股市走出了一轮波澜壮阔的牛市行情，这是汇率改革和股权分置改革等诸多利好因素共同作用的结果。

目前，我国由于人民币尚未实现自由兑换，股市受汇率的影响较小。但随着我国逐渐融入世界经济之中，人民币自由兑换应为期不远，届时股市受汇率波动的影响将会显著增加。

（2）对上市公司而言，如果其主营业务的对外依存度较高，则汇率波动对其生产经营的直接影响就大。汇率上升，本币贬值，首先依赖于进口的企业成本增加，利润下降，利空股价；而对出口型企业则其生产成本将降低，利润增长，利好股价；反之，汇率下降，本币升值，对进口型企业有利而对出口型企业不利。

人民币的汇率变动，对进出口板块影响较大，融券投资者可以从中寻找做空的时机。人民币升值，利空纺织服装、玩具鞋帽等出口型企业；人民币贬值利空航空、造纸，因为航空股外债比较多，人民币贬值将令其不可避免地产生汇兑损失。由于我国优质纸浆大量依靠进口，人民币贬值增加了造纸成本。

以上我们对影响到股价波动的一些主要的经济因素进行了讨论。实际上，还有很多其他经济因素影响着股市的趋向。况且，各种经济因素对股市的影响往往交织在一起，错综复杂，有些因素可能同时产生利好和利空的影响，需要进行深入、系统的分析，分清主次，抓住重大的、实际性的影响，抓住有长远影响的因素，才不致使我们的判断偏离大的方向。

第二节 行业分析

宏观经济分析是为了掌握证券投资的宏观背景条件，把好证券市场的发展大势。但是要选择具体的投资领域和具体的投资标的，就需要进行行业（或板块）分析和公司分析。

行业经济活动是介于宏观经济活动和微观经济（上市公司）活动中间的经济层面，行业分析是连接宏观经济分析和上市公司分析的桥梁，是基本分析的重要环节。行业分析对股票投资分析有着十分重要的意义，因为行业的发展状况对于该行业上市公司的影响极大，从某种意义上讲，投资于某上市公司实际上首先是以其所处行业为投资对象。不同的行业会为公司投资价值的增长提供不同的空间，因此，行业是直接决定公司投资价值的重要因素之一。

行业分析对融券卖空而言也是十分重要的，寻找处于周期性拐点行业、衰退行业（板块）及利空行业（板块），做空其中个股就会事半功倍。例如，2012 年后的煤炭行业，产能严重过剩，煤炭价格持续走低。

行业分析的几个方面：

一、经济周期与行业分析

各行业变动时，往往呈现出明显的、可测的增长或衰退的格局。这些变动与国民经济总体的周期变动是有关系的，但关系密切的程度又不一样。据此，可以将行业分为以下几类。

（一）周期型行业

周期性行业是指景气度与外部宏观经济环境高度正相关，并呈现周期性循环的行业。这类行业的运动状态对经济周期极为敏感，经济繁荣时这类行业相应扩张，经济衰退时这类行业相应收缩。如钢铁、汽车、有色金属、煤炭、房地产业、旅游业、航运等都属于典型的周期性行业。选择行业周期拐点，融券卖空这类周期性行业的股票，会获利颇丰。周期性行业的特征就是产品价格呈周期性波动的，产品的市场价格是企业赢利的基础。在市场经济情况下，产品价格形成的基础是供求关系，而不是成本，成本只是产品最低价的稳定器，但不是决定的基础。

影响行业景气的外因是宏观经济指标波动、经济周期、上下游产业链的供应需求变动，内因是行业的产品需求变动、生产能力变动、技术水平变化及产业政策的变化等。

（二）防守型行业

防守型行业的产品主要是生活必需品或必要的公共服务，需求相对稳定，对经济周期不够敏感，相关公司的盈利水平也相对稳定，食品业、医药业、公用事业是典型的防御型行业。融券卖空这类行业的股票要和大势及个股的消息面结合起来，时机的选择尤为重要。双汇发展的"瘦肉精事件"，健康元的"地沟油""黑天鹅"事件爆出后都是很好的做空时机。

（三）增长型行业

增长型行业的收入增长，很少随着经济周期的变动而出现同步变动，因为它们主要依靠技术的进步、新产品推出及更优质的服务与经营管理。如计算机、电子通信、新型材料、互联网行业等行业。融券卖空这类公司一定要小心。腾讯控股股价自上市以来增长了300多倍，即使在2008年金融危机的时期，股价也呈上涨态势，如果长期卖空腾讯，无疑是灾难性的。

二、行业生命周期分析

同任何事物的发展过程一样，行业的发展也经历一个从成长到衰退的演变过程，这个过程称为行业的生命周期。一般地，行业的生命周期可分为初创期、成长期、成熟期和衰退期四个阶段。

（一）初创期

初创期指行业的产生期，是行业发展的初级阶段。在这一阶段，创业公司的研发费用较高，而市场的认同度较低，销售收入较低，甚至出现亏损，所以存在很大的市场风险。一般地，只有风险投资基金才投资于这类企业。为了推进经济结构的调整和升级，扶持处于初创期的产业，许多国家和地区创立上市条件有别于传统证券市场的、便于新兴产业上市融资的新型证券市场，如美国的NASDAQ市场，香港的创业板市场，我国的新三板等。例如，互联网行业在我国处于开创初期时，大批的互联网企业倒闭，就连腾讯都差点被卖掉，一些有着独特的商业模式与独特产品的企业，如阿里、腾讯、百度、网易、新浪等，成为行业的佼佼者。

（二）成长期

在这一时期，企业的产品得到消费者的认可，市场规模日益扩大，新行业随之繁荣起来。同时，大量的资金投资于新行业，产品和服务也逐步多样化，因而相互竞争也不可避免，那些技术较弱、资金不足和经营不善的企业往往被淘汰。如成长期的互联网行业，企业大量兼并重组；但大浪淘沙，生存下来的企业，如阿里、腾讯、百度已逐步成长为行业巨擘，其股价也呈现长期稳步上扬的趋势。

（三）成熟期

在这一时期，行业的增长速度保持在一个适度的水平，在竞争中生存下来的少数大企业都占有一定比例的市场份额，基本上垄断了整个行业的市场。企业之间的竞争手段逐渐从价格手段转向各种非价格手段，如提高质量、改善性能和加强售后维修服务等。另外，由于技术创新、产业政策、经济全球化等各种因素，某些行业可能会在进入成熟期之后迎来新的增长。我国的家电行业目前基本上处于成熟期。

（四）衰退期

在这一时期，由于新产品和大量替代品的出现，原行业的市场需求开始减少，产品的销售量也开始下降，外部资金不再关注，银行贷款受限，某些企业也开始压缩投资规模。因而原行业的利润率停滞甚至不断下降。当正常利润无法维持或现有投资折旧完毕后，整个行业便逐渐解体。如现在的钢铁行业，产能过剩，价格下跌，需求萎缩，正在步入衰退期。而一些细分行业则由于技术进步或消费习惯的改变等因素被淘汰。

三、影响行业兴衰的主要因素

我们在进行行业分析和研究时，必须要关注影响一个行业兴衰的主要因素。

（一）技术因素

科学技术是第一生产力，技术进步是决定行业兴衰的关键。技术进步往往迫使旧行业加速衰退甚至被淘汰，同时催生出一些新兴行业。例如，蒸汽动力行业则被电力行业取代；喷气式飞机代替了螺旋桨飞机；大规模集成电路计算机代替了一般的电子计算机；通信卫星代替了海底电缆等；数码相机的出现极大地削减了对传统胶卷的需求；智能手机又使数码相机行业大幅萎缩；显而易见，投资于衰落的行业是一种错误的选择。投资者必须充分了解各行业技术发展的状况和趋势，分析行业产品的前景，分析其被优良产品或其他消费需求替代的趋势。因此，投资者不断考察一个行业产品生产线的前途，分析其被新的优良产品或消费需求替代的趋势，只有这样才能使投资效益最大化。

（二）政府政策

政府干预管理的行业主要集中于关系到国计民生的基础行业和国家发展的战略性行业，这种行业一般是投入大、收益慢，私营部门没有能力或不愿意涉足的行业。①公用事业，如水电气、排污、通信、广播电视等。②运输部门，如铁路、公路、航空、航运和管道运输等。③金融部门，如银行、证券公司、保险业等金融机构。

政府对产业的促进作用可通过补贴、税收减免、限制性关税、保护某一行业的附加法规等措施来实现。因为这些措施有利于降低该行业的成本，并刺激和扩大其投资规模。例如，我国对新能源行业、环保行业的补贴和税收优惠；进口关税对国内汽车产业的保护。同时，政府会对某些行业实施限制性规定。近年来，政府出台多项措施，严控高耗能、高污染的钢铁、造纸、化工等行业。这类行业存在较多的做空机会。

总的来说，政府的介入会促进或抑制某一行业的发展，影响处于该行业企业的业绩进而影响行业的投资价值。不过，由于政府的各种干预措施会随着时间的推移而改变，投资者必须密切关注这些变化所产生的影响。

（三）社会习惯的改变

随着人们生活水平和受教育水平的提高，消费心理、消费习惯、文明程度和社会责任感会逐渐改变，从而引起对某些商品的需求变化并进一步影响行业的兴衰。近年来，手机、电子产品、网购、安全食品、汽车、旅游、保健品、教育等成为人们的消费热点，相关细分行业增长较快。人们网购的消费习惯，促进了电商的繁荣，同时对传统的百货零售也造成了巨大的冲击，诸多的上市公司纷纷关闭实体店，经营业绩出现下滑。

四、融券卖空之行业（板块）投资的选择

一般地，按照我国国民经济行业标准的分类，大致有 16 种分类。在进行行业分析时，板块分析更为贴近实际，尤其是对中小投资者而言。所谓"板块"，就是具有某种特征或概念的股票的集合。在 A 股市场，板块效应比较明显，同一板块的股票价格的涨跌有很强的关联性，即一只或几只股票的上涨通常会带动一批同板块的其他股票走强；同样，一只或几只股票的股票走弱会拖累同板块的其他股票下跌。如"一带一路"板块，"雄安"板块等。

通过行业分析，投资者可以选择处于成长期或稳定期、竞争实力雄厚、有较大发展潜力的行业中的股票作为投资对象。相应地，找出处于衰退期或者是有利空的行业（板块）中的股票，融券卖空安全且有效。

（一）周期行业面临周期节点是做空的良机

周期性行业的特征就是产品价格、需求以及产能呈现周期性波动的。我们国家典型的周期性行业包括钢铁、有色金属、煤炭、化工、水泥、工程机械、船舶制造、航运。当经济高速增长时，市场对这些行业的产品需求也高涨，产品价格上扬，产能大幅度扩张，这些行业所属公司的业绩改善就会非常明显，其股票就会受到投资者的追捧；反之在萧条期时，市场由于对其产品需求缩减而导致产能过剩，使价格大幅下降，业绩和股价就会迅速回落。行业景气低迷时，即便是其中的优质企业也难以抵挡这种负面影响。这种波动性是卖空者所希望看到的，这是一个迅速获利的途径，但要准确预测经济何时进入衰退周期却非易事。

2011 年国家开始调整以投资拉动的经济增长模式，同时货币紧缩调控，使资源型行业开始下滑，其代表企业如大同煤业、宝钢股份、江西铜业都是做空的良好标的。科技行业中的细分行业也存在很好的做空机会。当出现新的技术发明革新产品、消费习惯转型升级时，落后于此的企业所对应的个股是绝佳的做空标的。例如，曾经的手机强者——诺基亚、摩托罗拉、黑莓和 HTC 的没落，就是因为在传统手机升级为智能手机的大潮流中，故步自封，创新不足，市场份额一步步被后来的苹果、三星所蚕食；网购与电商发展迅猛，对百货零售业形成了巨大的冲击，诸多的商业零售企业销售下滑，如李宁、百丽等；近年来，移动支付的广泛普及，消费去现金化、电子化使银行 ATM、点钞机等相关细分行业大幅萎缩，与此主营业务相关的上市公司的业绩下滑明显。龙头企业御银股份 ATM

产品销售由 2015 年的 7.7 亿元大幅下滑至 2017 年的 3 亿元。

煤炭板块就是一例证。

2011 年之后，煤炭市场结束了"黄金十年"，逐步进入"寒冬"。煤炭行业面临着周期性调整：煤炭需求增速趋缓而产能过剩压力显现，矿井数量多，产业布局趋同，非煤产值效益低；煤炭进口数量增长较快，对国内煤炭市场尤其是东南沿海市场形成较大的冲击，对整个市场价格、市场份额以及市场分布都有影响。此外，还有推行资源税利空的影响。煤炭指数 2011 年 4 月至 2014 年 3 月跌幅达到 67%，其中的个股跌幅也是惊人的，大同煤业下跌接近 80%（见图 5-1）。

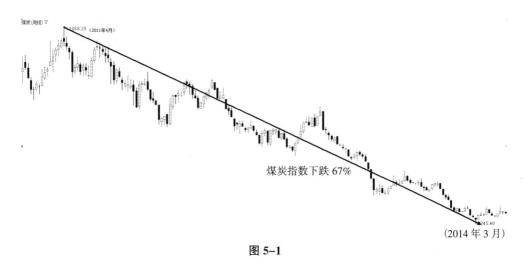

图 5-1

另一个案例是多晶硅行业。

2005~2007 年，借助于全球光伏产业的发展，依靠引进技术再自主创新，我国多晶硅行业出现"井喷"，进入黄金发展时期。从产能及产量全球占比都不到 0.5%，居于世界前列。在 2008 年美国次贷金融危机的大背景下，美国、欧盟对我国光伏实施了"双反"贸易调查，限制、打压我国光伏产品出口，多晶硅价格"雪崩"，从 2008 年 4 月的 475 美元/千克跌至 2010 年 4 月的 52 美元/千克，跌幅高达 89.1%，2012 年甚至跌至 15 美元/千克，远低于生产成本。同期，我国将多晶硅列为 6 大产能过剩行业之一，并冠以"两高一资、产能过剩"的头衔。美、韩及欧盟的多晶硅企业在国家政治、经济政策的支持下，利用此前签订的长单捆绑下游用户，通过短单以远低于成本的价格倾销至我国市场，正是由于政策调控、信贷紧缩、价格暴跌、盲目扩张、国外倾销压制等多重致命利空叠加于刚刚起步的多晶硅行业，我国多晶硅行业全面亏损，国内主要多晶硅工厂几乎被迫全部停产。直到 2013 年，在我国对美、韩及欧盟的"双反"终裁等一系列利好政策支持下，多晶硅行业才开始出现好转。2011 年底，欧美国家对中国光伏产品发起"双反"调查，加上之前过于激进的投资扩张，国内一批光伏明星企业陷入困境。

行业的衰落不可避免影响到所涉企业。无锡尚德太阳能电力有限公司于 2005 年 12 月成为第一个在纽约股票交易市场成功上市的中国民营企业，2006 年其创始人施正荣成为中国新首富。但自 2011 年以来，尚德的形势便急转直下；2012 年 9 月，尚德电力收到纽交所退市警告；2013 年 3 月被无锡市中级人民法院裁定实施破产重整。2007 年 6 月 1 日，江西赛维 LDK 太阳能高科技有限公司成功在美国纽约证交所上市，成为中国企业历史上在美国单一发行最大的一次 IPO，公司一度成为亚洲规模最大的太阳能多晶硅片生产企业，拥有员工超过 7000 多人。但在 2011 年便爆发债务危机，负债率超过 200%，不得不裁员和出售资产"断臂求生"，最终被破产重组。上市企业保变电气（600550）是 A 股光伏新能源的龙头，其经营业绩的变化可以见证行业的兴衰。2010~2013 年，每股收益分别是 0.49 元，0.03 元，-1.13 元，-3.81 元。2010 年 11 月至 2014 年 3 月，最高跌幅达到 87%（见图 5-2）。

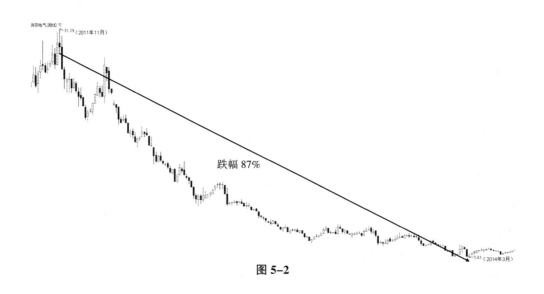

图 5-2

（二）个别细分行业面临行业萧条的拐点，适宜卖空

市场经济的一大特征就是行业投资利润的平均化，如果某一个行业的投资利润率高了，那么就有人去投资，投资的人多了，投资利润率就会下降，如此周而复始。白酒行业的兴衰就是一个例证。

2003~2012 年，是白酒行业量价齐飞的黄金十年，其间年复合年均增长率达到 15%。但在 2012 年下半年，随着白酒行业产能迅速扩张与释放，供给处于高位，"去库存"形势严峻。加之产能盲目扩张带来的质量问题也层出不穷，意味着白酒的暴利时代已经过去了，行业拐点来临。同时，有以下几个因素对白酒行业构成了负面影响：

（1）三公消费的大幅缩减给了白酒行业致命一击。公务消费是白酒消费特别是高档白酒消费的主力军，而党的十八大以来，中央高层一再强化反腐倡廉，在党政军各部门强推禁酒令，这对白酒行业可谓是肃清式打击，价格虚高的高端白酒价格剧降，同时压低了中低档品牌的价格。使白酒行业快速扩张而积累的大量产能，在遭遇全面的消费萎缩后，供过于求现象日益严峻。

（2）对酒驾处罚严厉抑制了部分消费。2011 年随着新道路交通安全法的实施，政府对醉酒驾驶行为的处罚更为严厉，采取了吊销机动车驾驶证、行政拘留甚至"酒驾入刑"等惩罚措施，不免要对酒类销售具有一定负面影响。

（3）白酒板块利空事件频发，成为压倒白酒股股价的最后一根稻草。酿酒板块的"毒酒门""塑化剂""农药超标""黑天鹅"事件，暴露出部分酒企对质量的把关不严，严重影响了投资者的信心，白酒板块破位下行，进入空头市场。

（三）在出现利空的板块中寻找卖空标的

2011 年 3 月 11 日，日本发生的 9 级特大地震引发了核泄漏事故，核电板块迅速下挫。几天之后，国务院决定暂停审批核电项目并对核设施进行全面安全检查，当日核电板块再度全线暴跌。

2011 年 7 月 23 日晚，在温州发生了动车追尾事故，该事件令高铁板块遭遇重挫。

第三节　公司分析

每一行业又包含许多企业，这些企业在规模大小、经营好坏、盈利能力大小等方面千差万别。因此，投资者还需要对该行业中的公司进行实体分析，多角度地对公司的基本因素进行把握，以便从中挑选出最合适的投资对象。对公司因素进行分析，旨在解决买什么样的股票，不买什么样的股票；可以融券做空哪些股票。

上市公司的基本面，决定了其股票代表的所有权的价值。应当理解，股票的市场价格与其价值是两个不同的概念。受贪婪与恐惧的投机心理的支配，股票的市场价格往往会大大高于或低于其价值。上市公司的股票价值取决于公司未来现金流折现值，由公司的净资产、盈利能力和经营前景等基本面情况所决定。而股价高低，除了可能对上市公司形象有一定影响外，对股票价值并没有什么直接的影响。

上市公司的基本面状况，包括内部环境因素和外部环境因素两方面，这两方面都在不断地发生着变化，并影响着公司的经营业绩和经营前景。公司基本面的转好，将提升股票价值，此时若没有出现股价的过度上涨，则应以持股为主；当公司基本面变差时，其股票价值也将随之下降，若判定这一趋势并非偶发的、暂时的，就应及时抛出股票，并可以择机开出空单，在回避风险的同时获取融券收益。

公司分析主要是一个定性分析的过程，分析的着重点是对公司的潜在盈利能力做出定性的分析，其目的是明确公司最重要的利润产出点和最主要的业务风险所在，具体包括分析一家公司所处的行业及它采用何种战略在此行业中长期保持自己的竞争优势，这种定性的分析是定量分析的基础性工作。例如，在对一个上年每股收益很高的上市公司进行分析时，我们只有明确了它获取利润的产出点在哪里，才能得出此公司获利能力可否持续的结论，从而对公司的长期发展潜力做出一系列符合现实情况的假设。

一个公司的价值取决于它的获利能力同资本成本的比较。获利能力越高，资本成本越低，公司的净值就增长得越快，因而这个公司的投资价值就越大。

公司分析主要集中在公司基本素质分析、公司重大事项分析与公司财务分析这三个方面。

一、公司基本素质分析

（1）公司竞争能力分析。判断公司的技术水平、资本实力、项目储备、新产品开发等方面。主要考察公司的年销售额及其增长率、产品毛利率、市场占有率等指标。

（2）公司经济区位。包括区位内的自然和基础条件、政府的产业政策和区位内的经济特色等。

（3）公司经营能力。包括法人治理结构、公司管理层的素质、公司从业人员的能力等。

（4）公司成长性。公司通过扩展经营具有不断发展的能力。主要考察公司增长性及盈利能力。

二、公司重大事项分析

公司重大事项包括：①公司的经营方针和经营范围的重大变化；②公司的重大投资行为和重大的购置财产的决定；③公司订立重要合同，可能对公司的资产、负债、权益和经营成果产生重要影响；④公司发生重大债务和未能清偿到期重大债务的违约情况；⑤公司发生重大亏损或重大损失；⑥公司生产经营的外部条件发生的重大变化；⑦公司的董事、1/3 以上监事或经理发生变动；⑧持有公司 5%以上股份的股东或者实际控制人，其持有股份或者控制公司的情况发生较大变化；⑨公司减资、合并、分立、解散及申请破产的决定；⑩涉及公司的重大诉讼，股东大会、董事会决议被依法撤销或者宣告无效；⑪公司涉嫌犯罪被司法机关立案调查，公司董事、监事、高级管理人员涉嫌犯罪被司法机关采取强制措施等。

公司公告的重大事项中包含许多重要信息，融券投资者重点关注其中的利空信息，要分析利空信息对公司的影响是否深远，再结合大势，选择单边做空，或是利用事件驱动策略，构建对冲组合。

三、公司财务分析

财务状况分析就是通过一定方法根据企业一定时期连续的财务报表，比较各期有关项目的变化情况，以反映企业的财务状况变化及其基本趋势，并以此作为投资的依据。

（一）财务报表分析

财务状况分析的主要对象是财务报表，企业的财务报表包括资产负债表、利润表和现金流量表。财务报表分析是以企业基本活动为对象，以财务报表为主要信息来源，以分析和综合为主要方法的系统认识企业的过程，其目的是了解过去、评价现在和预测未来，帮助报表使用人改善各种决策。

1. 资产负债表

资产负债表是反映企业在某个特定日期财务状况和资本结构的会计报表。资产负债表可以综合反映企业期末结余的全部资产、负债和资本的存量情况，可以作为分析企业财务状况、资本结构和偿债能力的依据。

2. 利润表

利润表综合反映企业在一定会计期间内发生的各项经营收支和盈亏实现情况的报表，它是投资者分析企业经济效益和经营业绩的依据及企业利润分配情况的依据。

3. 现金流量表

现金流量表是指反映企业在一定会计期间的现金和现金等价物流入流出的会计报表，从一个侧面展现企业资产负债表和利润表信息的质量。它是按收付实现制编制的，因此不受会计方法核算的影响。全部现金流量由经营活动、投资活动、筹资活动产生的现金流量组成。相比利润指标，现金流量可以更准确地揭示企业经营的趋势，是否有能力履行短期财务责任、投资方式、股利支付能力以及持续性等。

对现金流量表分析，可初步得出企业日常运作的好坏。获得足够的现金是企业创建优良经营业绩的有力支撑，一个企业的账面利润再高，如果没有相应的现金流量，依然无法进行正常的经营活动，甚至会使财务状况恶化，最终导致破产。所以，只有现金流量与利润同步增长才能说明企业增长具有可信度。分析现金流量为评判企业价值提供了一种比考察利润更为客观的方法，它剔除了利润在各年的分布受折旧方法等人为因素的影响。对现金流量的分析表明，一个企业的价值应等于在企业生命周期内可产生的净现金流量的现值。

（二）财务指标分析

1. 盈利能力分析

盈利能力是公司生存的关键，只有长期盈利，企业才能真正做到持续经营。

（1）销售毛利率。销售毛利率能够直接反映公司产品的竞争力和获利潜力。与同行业比较，如果公司的毛利率显著高于同业水平，说明公司产品附加值高，公司产品定价高或与同行比较存在成本上的优势，有竞争力。与历史比较，如果公司的毛利率显著提高，则可能是公司所在行业处于复苏时期，产品价格大幅上升。在这种情况下，投资者需考虑这种价格的上升是否能持续，公司将来的盈利能力是否有保证。相反，如果公司毛利率显著降低，则可能是公司所在行业竞争激烈，毛利率下降往往伴随着价格战的爆发或成本的失控，这种情况预示产品盈利能力的下降。

（2）净资产收益率。净资产收益率反映了股东投资的获利能力，是衡量上市公司盈利能力的重要指标。该比率越高，说明股东投资带来的收益越高。该指标体现了自有资本获得净收益的能力。

观察净资产收益率，至少要看过去三年的指标变动情况。一般来说，上市公司的净资产收益率越高越好，但下限还是不宜低于银行利率。监管机构也对上市公司的净资产收益率非常关注，证监会明确规定：上市公司公开增发时，最近三年的加权平均净资产收益率不得低于6%。

（3）销售净利率。销售净利率指标反映每一元销售收入带来的净利润的多少，表示销售收入的收益水平，该比率越高越好。企业在增加销售收入额的同时，尽量获得更多的净利润，才能使销售净利率保持不变或有所提高。

（4）总资产收益率。资产收益率是一个综合指标，反映出公司利用全部资产实现的利润情况。该指标最能显示出公司的经营绩效，总资产收益率比率越高表示公司运用经济资源的能力越强；反之亦然。

2. 营运能力分析

营运能力是以公司各项资产的周转速度来衡量整体资产利用的效率。周转速度越快，表明各项资产进入生产销售等经营环节的速度越快，那么其形成收入和利润的周期就越短，经营效率自然就越高，公司的营运能力就越强；反之，公司的营运能力就越差。

（1）主营业务收入增长率。主营业务收入是公司生存和发展的核心，主营业务收入增长率是衡量企业经营状况和市场占有能力、预测企业经营业务拓展趋势的重要指标；可以用来衡量公司的产品生命周期，判断公司发展所处的阶段。一般来说，如果主营业务收入增长率超过10%，说明公司产品处于成长期，将继续保持较好的增长势头，尚未面临产品更新的风险，属于成长型公司。如果主营业务收入增长率为5%~10%，说明公司产品已进入稳定期，需要着手开发新产品，否则有进入衰退期的风险。如果该比率低于5%，说明公司产品已进入衰退期，保持市场份额已经很困难，主营业务利润开始滑坡，如果没有新产品投放市场，公司将步入衰落。如果主营业务收入增长率为负增长，甚至低于-30%时，说明公司主营业务大幅滑坡，预警信号产生。

在分析该指标时，应注意两点：一是应将主营业务收入增长率与应收账款增长率做对比，若前者小于后者，公司极可能存在操纵利润行为。二是要结合公司最近三年的主营业务收入增长率的情况作出趋势性分析判断。

（2）应收账款周转率。公司的应收账款在流动资产中具有举足轻重的地位。公司的应收账款如能及时收回，则公司的资金使用效率便能大幅提高。应收账款周转率反映了公司年度内应收账款转为现金的平均次数，是评估公司应收账款的变现速度和公司流动资产周转状况的重要指标。

（3）存货周转率。在流动资产中，存货所占的比重较大，存货的流动性，将直接影响企业的流动比率。存货周转率是衡量和评价企业购入存货、投入生产、销售收回等各环节管理状况的综合性指标。存货周转速度越快，存货的占用水平越低，流动性越强，公司的销售能力就越强。

（4）总资产周转率。总资产周转率指公司一定时期内营业收入与平均资产总额的比率，是反映总资产周转情况的指标。总资产周转次数越多，周转天数越少，则表明该公司的全部资产的利用效率越高，其营运能力就越强。

3. 偿债能力分析

公司偿债能力是指公司偿还各种到期债务的能力。公司的偿还能力指标是判定投资安全性的重要依据。

（1）短期偿债能力分析。短期偿债能力是指公司偿还短期债务的能力。一般来说，公司应该以流动资产偿还流动负债，而不应靠变卖长期资产，所以用流动资产与流动负债的数量关系来衡量短期偿债能力。最能反映公司短期偿债能力的是流动比率和速动比率 。

　　1）流动比率：全部流动资产对全部流动负债的比率。一般说来，流动比率越大，说明公司资产的变现能力越强，短期偿债能力亦越强；反之则弱。但是，如果流动比率过高，则表示流动资金积压太多，没有充分利用。传统的经验认为，流动比率为 2∶1 是比较适中的。

　　2）速动比率：流动资产扣除存货和待摊费用，因为这些资产不能迅速地变现。速动比率就是速动资产对流动负债的比率。它是衡量企业流动资产中可以立即变现用于偿还流动负债的能力。一般认为，较为合适的速动比率应该在 1 以上。如果太低，表示债务得不到应有的保障；如果太高，表示公司资金利用效率低。

　　（2）长期偿债能力分析。长期偿债能力是指企业偿还长期负债的能力。

　　1）资产负债率：负债总额占资产总额的百分比。它反映在总资产中有多大比例是通过借债来筹资的，也可以衡量企业在清算时保护债权人利益的程度。资产负债率越高，说明股东提供的资本在总资产中的比例越小，股东承担的风险越小，债权人承担的风险越大；反之，股东的承担风险越大，债权人承担的风险越小。通常，公司的资产负债率控制在 50% 左右为宜 。

　　2）产权比率：负债总额与股东权益总额的比值，也称债务股权比率。产权比率可以反映公司的财务结构是否稳健。高风险、高回报的财务结构产权比率高，低风险、低回报的财务结构产权比率低。一般认为，股东资本大于借入资本较好，但也不能一概而论。

　　3）已获利息倍数：公司所获得的利息税前利润与利息费用的比率。它是衡量公司偿付负债利息能力的指标。已获利息倍数用来考察公司的营业利润是否足以支付当年的利息费用，它从公司经营活动的获利能力方面分析其长期偿债能力。这个比率越大，说明公司到期不能偿付利息的风险越小，公司长期偿债能力越强；反之越差。一般认为，已获利息倍数为 3 时，表明公司具有良好的偿付利息的能力。

　　4. 股东获利能力分析

　　（1）每股收益。每股净收益是净利润扣除优先股股息后与发行在外的普通股股数的比值。该指标反映公司获利能力和每股普通股投资的回报水平，指标值越高，每股可得的利润越多，股东的投资效益越好；反之则越差。但每股收益多，不一定意味着分红多，具体还要看公司的股利分配政策。

（2）股利支付率。股利支付率又称股息发放率、派息率，是每股股利与每股净收益的百分比。该指标反映上市公司的股利分配政策和支付股利的能力。股息发放率高低要依据各公司对资金需要量的具体状况而定。股息发放率高低取决于公司的股利支付策略，公司要综合考虑经营扩张资金需求、财务风险高低、最佳资本结构等方面来决定支付股利的比例。

（3）市盈率。市盈率是每股市价与每股盈利的比率，亦称本益比。该指标是衡量公司股票的投资报酬和风险最常用的指标，是投资者估算投资回收期和投资价值的重要参考数据。市盈率是衡量股票价格高低的重要指标，是选择股票的重要依据。一般来说，市盈率越低，意味着公司盈利能力越强或每股市价越低，公司股票的投资价值就越高，因此公司股票的投资风险越小；反之亦然。但要注意的是，市盈率高低不是融券卖空的依据，后文有详细分析。

（4）每股净资产。每股净资产反映每一普通股所含的资产价值，即股票市价中有实物作为的部分。根据证监会的要求，上市公司需要根据净资产的流动性和变现能力对每股净资产进行必要的调整。一般来说，调整后的每股净资产稍低于调整前每股净资产，但如果调整后的每股净资产远低于调整前每股净资产，说明该公司的资产质量差，潜亏巨大，随时可能发生较大的账面亏损。

（5）市净率。市净率就是每股市价和每股净资产关系的比率。一般来说，市净率较低的股票，投资价值较高；相反，则投资价值较低；但在判断投资价值时还要考虑当时的市场环境以及公司经营情况、盈利能力等因素。

（三）财务分析的方法

（1）横向比较，将公司不同财务年度的财务报表进行纵向比较，计算比例，以对公司持续经营能力、财务状况变动趋势和盈利能力等做出动态分析。

（2）纵向比较，与同行业其他公司之间比较分析。将同一财务年度的财务报表与其他公司的财务报表横向比较，计算比例，以了解该公司在行业中的地位、具有的优势与不足。

（3）综合比较，指同时考虑各个科目或比率，从不同角度出发，进行评判和研究。

（四）财务数据质量分析

对于财务数据质量的分析主要是辨别各种通过操纵财务报表来粉饰或者故意低估上市公司业绩的行为。

（1）调节收入确认时间调节收入。

（2）通过应收款挂账虚增收入。

（3）公司的报表利润与由经营所产生的现金流量之间的比例变化。

（4）因非经常性损益而产生的利润变化。

（5）季度报表、中期报表与年度报表的差异。

（6）关联交易带来的利润增加。

（7）转移现金流科目虚增企业经营活动现金流。

公司财务分析涵盖的内容最多，营业收入、经营利润、应收账款、每股经营性现金流量是融券交易者关注的领域。如果一家公司出现营收不佳、应收账款增长过快或经营现金流量为负等情况，有可能该公司核心业务遭遇困境，未来其股价堪忧，是择机卖空的良机。

成长股收入增长率放缓，也存在很好的做空机会。一般地，成长股的销售收入最低会保持每年20%~30%的增长率，投行通常会对这类成长股进行溢价估值，只要公司持续增长并满足机构投资者的预期，股价就能保持坚挺。然而，一旦公司销售收入增长停止时，意味着成长股价格被高估，有些机构投资者便会调仓换股，该股将会面临大幅下跌的可能。有经验的卖空者通常在增长停止的拐点信号出现后，如连续三个季度增速下降，择机融券卖空。

对普通中小投资者而言，宏观分析与行业分析相对比较抽象，分析精准非常困难，而微观的企业相对比较具体，而且现在上市公司信息披露制度已经非常完善，公开信息内容也很全面，这有助于我们进行个股的基本面分析。融券卖空交易要重点关注公司的利空信息，如重大诉讼、股东减持、经营业绩下降、主营产品出现意外状况等，再结合大势与个股形态，寻找做空机会。

第六章 技术面融券卖空分析

相对于基本面分析而言，技术分析对于一般普通投资者在实际操作时更为有效实用，根本原因就在于市场信息不对称。普通投资者相对于主力机构而言处于信息弱势地位，他们难以及时、真实、完整地得到基本面分析所需要的信息，只能从公开的市场信息中对个股作出价值判断，而对于上市公司的经营状况、盈利能力、产品的竞争力和新项目的进展情况等信息很难深入了解。而且，进行宏观层面与行业研究需要具备较强的专业素质，这也是普通投资者的短板。而技术分析理论则是以市场行为为研究对象，通过价格趋势、K线形态、成交量、技术指标、多空力量对比等变化以发现盈利的线索。这些更为直观，分析起来相对容易。

价格运动无非是上涨、下跌与无序波动（整理）三种状态，融券卖空的技术分析与做多股票的分析理念类似，只不过一个是寻找股价下跌的时机，另一个是寻找股价上涨的线索。

融券卖空的技术分析是本书的重点。首先我们有必要了解技术分析的本质和内涵。

第一节 技术分析的本质和内涵

技术分析是以市场行为为研究对象，以判断市场趋势并跟随趋势的周期性变化来进行股票及一切金融衍生物交易投资的方法总和。技术分析很多都是基于人的心理波动规律以及大自然的基本规律而得出的可供借鉴的规律性的总结，是一种基于历史经验的统计规律。由于技术分析以图表及各种技术指标作为市场分析的主要依据，所以又称为图表分析。

技术分析成立的理论基础是基于三项市场假设：市场行为涵盖一切信息，价格呈趋势运动，历史会重演。

一、市场行为涵盖一切信息

其主要思想是认为能够影响某种证券价格的各种因素都已经在价格走势中得到了反映，投资者只需关注这些因素对价格行为的影响效果，不必对影响证券价格的具体因素是什么做过多的关注。20世纪美国著名的股票作手杰西·利物莫说："大众应该始终记住股票交易的要素。一只股票上涨时，不需要花精神去解释它为什么会上涨。"简单理解就是，技术分析者不必去费力研究是什么因素导致价格上涨或下跌，通过研究价格图表和大量的辅助技术指标，判断它未来的走势。

二、价格呈趋势运动

价格沿趋势运动，是进行技术分析最根本、最核心的因素。其理论基础是：证券价格的变动是按一定规律进行的，而且有保持其原来方向运动的惯性。价格的涨跌形成或改变了趋势，趋势的惯性推动价格上涨和下跌，趋势在涨跌中轮回。

历史的交易研究表明，趋势交易是最简单、最有效的方法。趋势是客观存在的，"趋势是最好的朋友"，投资者不必考虑是什么力量在推动趋势，只需跟随趋势即可。"顺势者昌，逆势者亡。"

在反转信号出现前，原有趋势会一直有效。我们都知道，在物理学上有一个惯性定律：一切物体在没有受到力的作用的时候，总保持静止状态或匀速直线运动状态。股价运动也有类似的规律，趋势一旦形成，便不会轻易停止，直到反转信号出现。

三、历史会重演

历史会不断重演，就是从投资者的心理因素考虑的。市场的交易行为本质上是由人的心理波动带来的，心理学中的某些规律影响和制约着投资者的投资行为。技术分析理论的重要的一个方面就是研究人类的心理，而人类的心理往往不变。"江山易改本性难移"。人类的心理波动往往具有一定的规律性与反复性，不随时间的推移而改变；交易者的交易行为在相似的环境下会做出相似的投资决策。价格图表体现了投资者对于市场的看法，通过对于图表的研究可以找到相似的形态而预测未来价格运动的方向。就拿主力机构运作一只股票为例，其套路无非是建仓、洗盘、拉升、出货，这些操作思路完全表现在K线图上。如是案例在不断地重复上演，历史如此，将来亦如此。

技术分析的基本要素有量、价、时、空。技术分析就是利用过去和现在的价格、成交量、时间、空间以及综合这几大要素的相互作用关系为基础，分析未来的市场走势。经典的技术分析理论主要有均线理论、K线理论、趋势线理论、形态理论、波浪理论、技术指标理论等。"趋势"概念是技术分析的核心，顺势而为是其最基本，也是最重要的理念和原则，其他工具都是用来辅助趋势的有效判断和分析。

由于技术分析是从大量价格运动现象中用统计方法总结出来的规律，其研判法则均为一种概率选择，而非必然。因此，技术分析不可能如同数学公式那样百分之百地准确，所以，止损是必需的，尤其对于融券交易，更是出门必备。

第二节　融券卖空的技术分析思路

融券卖空就是主动性做空的交易，关注的是股价下跌的时机。做空大致有两种方式：直接空和反弹空。直接空可选择在阶段性头部的多空转折处放空，或者是在下跌趋势中寻找中继信号直接追空；反弹空即下跌趋势确立后，股价下跌到一定阶段产生反弹，待反弹夭折时开空。在弱市的下跌途中经常会出现跳水般的暴跌行情与短暂的反弹行情，存在许多做空的机会，如图6-1所示。

我们知道，"趋势"是技术分析的核心所在，顺势而为是其最基本、最重要的操作原则，融券卖空的技术分析思路的核心也是对于"趋势"的研判，选择开仓的时机要在上涨趋势终结或是下跌趋势延续中寻找。具体思路与方法可以参考以下：

首先，进行大势分析。融券交易的分析首先是大势分析，大盘趋势是决定融券交易的根本。与熊市做多一样，多头市场中融券做空的胜率不高。道理很显

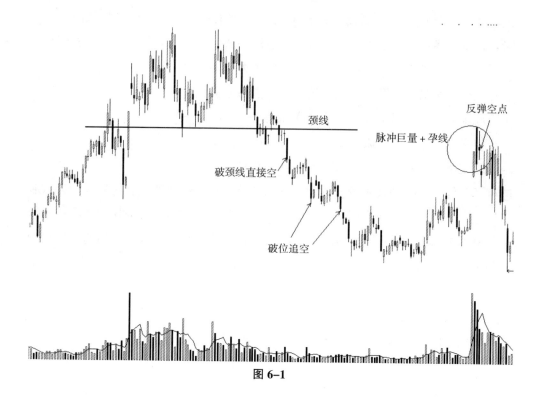

图 6-1

然，在大势处于多头市场时，融券卖空是逆市操作，风险高，获利难；而在空头市场中，绝大多数的个股处于下跌状态，无疑融券卖空胜率高得多。所以，在进行融券交易的第一步就是对大盘走势进行多角度研判，开仓尽量选择在空头市场，回避多头市场，至少指数是处于震荡市中。

怎么判断市场的大致方向呢？一个简单的方法就是看当前指数的均线系统是什么格局，先看大周期（月、周）指数的走势形态，再看日线的形态。如果指数的短、中均线（5 日、10 日、30 日、60 日）呈空头排列，K 线震荡下行也成下行通道，则融券卖空的市场环境具备。例如，2011~2012 年的 A 股市场就是重心不断下移的下跌市，存在许多卖空的机会。反之，如果指数的短、中均线（5日、10 日、30 日、60 日）呈多头排列，K 线也走成上行通道，从短线来看指数比较强势，单纯的融券做空个股就要相当慎重了——除非个股基本面出现重大利空，因为这是在逆市操作，这种情况笔者建议停止单方向的融券操作，可以考虑选择对冲或套利策略。

其次，选择交易策略。融券交易策略从风险度由小到大排名，依次为：套利交易策略、对冲交易策略、卖空板块、卖空指数（ETF 指数基金）、卖空个股。

套利交易与对冲交易策略（详见本书第八章与第九章）在多头、空头或震荡市场都适用，只是套利交易的机会很少，利润空间亦有限。适合卖空的板块需要有些机遇的，就如我们前面提到过的煤炭与白酒板块。有些投资者看懂了市场的方向，但不善于卖空个股，可以选择融券卖空 ETF 指数基金。卖空个股需要许多的投资技巧，本书第七章有详细的解析。

再次，经过基本面与技术面分析后，建立卖空标的股票池。因为要看标的是否在融资融券标范围内，还要看开立信用账户的券商是否有券源可融。在满足上述两个条件的前提下，才能实施融券操作。

最后，按照自己的交易系统选择融券标的入场点。入场点主要依据做空的交易信号，如跌破重要支撑线、向下跳空缺口、放量长阴 K 线、出现空头的 K 线组合等。

技术面融券卖空思路就大的框架而言，大致分为两类：一是单方向做空，开空时机可以选择在：①顶部反转形态形成，多空转折之时；②下跌整理形态结束，跌势延续之时。二是构建多空组合，可以选择：①套利交易；②对冲交易。

第三节　空头行情的判断方法、特征与典型信号

既然融券交易要选择在空头市场，所以我们有必要对空头市场的判断方法、特征与典型信号做详细的了解。

一、空头行情的判断方法

（1）价格趋势震荡向下，高点与低点均在不断下移，形成下降通道。

（2）均线系统向下发散，呈明显的空头排列，重要均线（60 日）对股价形成了较大压制。

（3）价格大跌小涨，反弹无力，遇到重要阻力即止，之后往往遭到空方更猛的反扑，弱势状态明显。

二、空头行情的特征

（1）市场上无可持续性的热点题材炒作，以单日行情为主，追高易"吃套"。

（2）市场人气涣散，做多意愿不强。

（3）市场成交低迷，放大利空，漠视利好。

（4）个股即使出现短暂的上涨，但是很快被空头反击。

（5）K线图中多出现中长阴线、长上影十字星，向下跳空缺口不易回补，如图6-2所示。

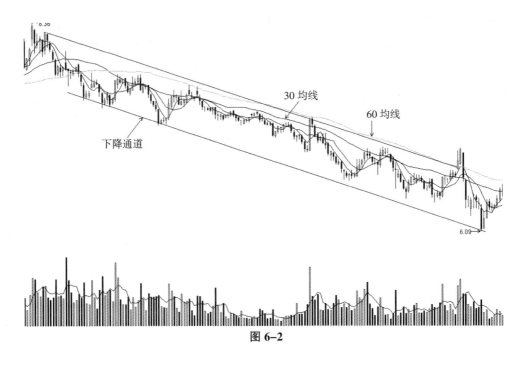

图 6-2

三、空头行情的四大典型信号

（一）破位信号

破位就是股价跌破重要的技术支撑位，意味着当前的趋势极有可能发生逆转，开始进入下跌趋势中。常见的破位信号分为跌破上升趋势线、跌破整理平台、跌破均线黏合区、跌破双顶（三重顶）的颈线、跌破三角形、旗形或楔形的下边线。

（1）跌破上升趋势线（见图6-3）。

图 6-3

（2）跌破整理平台（见图6-4）。

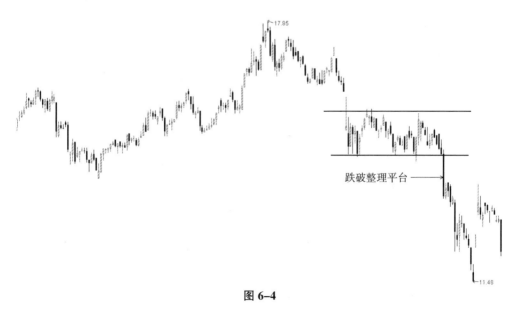

图 6-4

（3）跌破均线黏合区（见图6-5）。

一般来讲，多条均线黏合胶着，意味着股价处于一段震荡无趋势的整理阶段，其后必然会有一个方向的选择，而一旦选择向下突破，尤其是"断头闸刀"

等标志性 K 线出现，之后一到两根阴线即可形成均线破位形态。特别是股价经过大幅上升后，在高位出现盘整状态，期间多条均线股价会有较大的下跌空间，是很好的融券卖空时机。

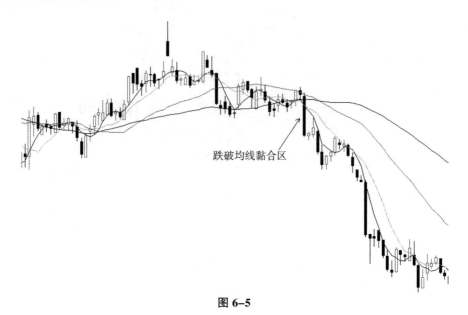

跌破均线黏合区

图 6-5

（4）跌破头部区域的颈线（见图 6-6）。

颈线

跌破双头颈线

图 6-6

（5）跌破旗形下边线（见图 6-7）。

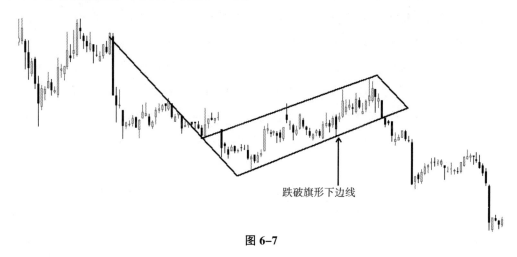

跌破旗形下边线

图 6-7

股票技术破位是常见的做空信号，但是在实战中也常发生主力操纵股价，以故意打破重要支撑位制造"假破位"来达到震仓或洗盘目的。所以，鉴别突破讯号的真伪对融券卖空便显得极为重要。①首先，看破位前股价是否已大幅上升，处于相对高位之后的滞涨后的破位有效性高。②有其他信号作为佐证，如向下跳空缺口、光头光脚长阴线、长上影 T 形线、成交量放大等，这些都是突破的重要信号，是空头的加分项。③下跌过程中，如整理平台、三角形、旗形或楔形的下边线的破位有效性也高，特别是整理平台的支持被跌破，有效性更高，因为股价在下跌一段后，出现横盘整理，本身说明空方占优——多方连有斜率向上的反弹的力度都组织不起来，这也是笔者最为推崇的一种做空模式。④一般来说，股价发生破位后还会出现反抽确认的情形，这时应观察其能否在短期内重新收回支撑位上方，若不能及时收回，则可判定为有效破位。根据支撑位重要性及周期不同，观察周期亦有长短区别。对于中短期支撑位，通常以三天为观察期，如有效收回，则为假破位；长期趋势支撑位不宜超过一星期。

（二）向下跳空信号

1. 向下跳空缺口意味着两大意义

（1）转势。向下跳空缺口经常在重要的反转形态如头肩顶、双顶、圆弧顶等头部形态形成后出现，意味着趋势出现明显的逆转，多空开始转换，空头力量将占据主导。

（2）拓展。在下跌过程中出现向下跳空缺口，意味着空方将加快下跌速度，延长下跌时间，扩展下跌空间。这种缺口经常在下跌中继形态中出现。

2. 缺口主要分为突破性缺口、中继性缺口、衰竭性缺口三种形态

（1）突破性缺口。空头市场突破性缺口往往出现在股价的阶段性顶部区域，处于股价打破盘局的初期阶段。突破性缺口的出现，往往意味着多空方向已经确定，股价会迅速脱离整理状态以及顶部的成交密集区，展开快速下跌。一般情况下，突破性缺口在三个交易日内，甚至较长时间内都不会被回补，是融券卖空的极佳时机。

（2）中继性缺口。持续性缺口通常出现在股价的下跌中途或者加速下跌过程中，意味着空头力量的空中加油。持续性缺口形成的原因是市场经过技术性反抽后，多头反攻力量再次衰竭，空头力量再次选择向下发力。中继性缺口是拓展信号，对股价起着助跌和推动作用。一般情况下，空头持续性缺口表明一个强烈的下跌趋势，不会被轻易回补，是融券卖空的加仓机会。

（3）衰竭性缺口。物极必反，衰竭性缺口意味着空头力量的衰竭，而多头力量将要蓄势反攻，融券卖空应择机止盈回补。

2010年4月19日至2010年7月2日，上证指数走势出现典型的三缺口（见图6-8），有空头的突破性缺口（下跌开始）、中继性缺口（下跌中继）、衰竭性缺口（空头衰竭）。其中，放量长阴线形成的突破性缺口出现后，出现了一段酣畅淋漓的下跌，无疑是融券卖空的极佳时机。

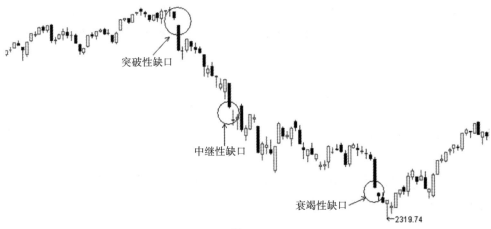

图 6-8

3. 缺口的有效性分析

重要顶部形态中的颈线或是下跌整理形态中重要的支撑线，以缺口的方式被向下突破，并且缺口较大，突破 K 线是长阴线或是光头光脚的中阴线，分时线基本上是呈单边震荡下行态势，盘中多方反抽无力，成交量也呈放大态势，这样的跳空突破是十分强而有力的，该缺口有效性就强，是空头的加分项。

（三）反抽信号

反抽就是股价跌破重要技术支撑位后，出现一波短暂的上行走势，当反弹至上方的阻力位附近后，多方力疲，股价继续再次向下的一种短暂行情。从量能分析，一般是反抽无量，下跌放量。反抽是对破位信号的确认，一般时间比较短（见图 6-9）。常见的反抽模式有反抽颈线、反抽上升趋势线、反抽整理平台下边线。主力常常利用反抽诱多，吸引买盘、趁机出货。对于融券交易而言，反抽无力是二次加仓的时机。

图 6-9

图 6-9 所示个股在快速跌破双头的颈线后，产生一小波反抽，但力度很弱，尚未触及颈线便快速返身向下；这波弱势反抽确认了头部的压力与颈线下破的有效，可以择机融券卖空。

（四）量价背离无量反弹信号

空头市场中，股价反弹时成交量一般呈背离态势，上涨时成交量萎缩，下跌时成交量放大；或是突兀放量后的快速缩量，意味着做意愿不强。股价明显反弹无力，下跌有力，"阴盛阳衰"，多头弱势反弹遇阻后往往遭到空方更猛的反扑，如图 6-10 所示。

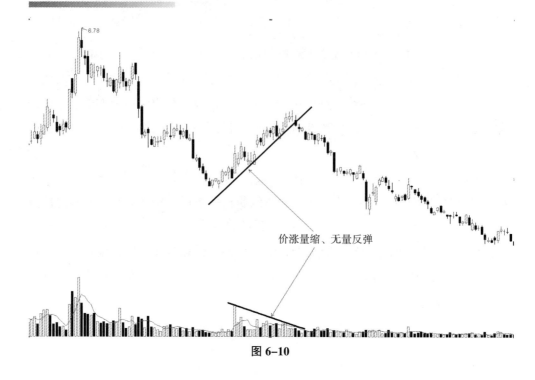

价涨量缩、无量反弹

图 6-10

第四节　融券交易思维的两条主线

　　股票的价格是多空双方角力的结果，而价格运动轨迹形成"趋势"。"趋势"是"趋"与"势"的结合，其中"趋"代表价格波动的方向——上或下，"势"代表价格波动的力度——大或小。"趋势"是由多空力量演变而来的。当多方力量战胜空方力量，价格走势就表现为上升趋势；当空方力量压倒多方力量，价格走势就表现为下降趋势；当多空双方势均力敌的时候，就进入横向整理状态，直到多空平衡被打破，开始新的趋势。由此即形成了三种价格趋势：①高点和低点不断抬高的上升趋势，依次抬高的低点的连线称为"上升趋势线"；②高点和低点不断降低的下降趋势，依次降低的高点的连线称为"下降趋势线"；③横向延伸的无趋势，称为"整理趋势"。趋势线被突破，意味着趋势的结束。

　　价格运动不停地进行多头趋势与空头趋势的互相转换，这种转换必然有着转折点的存在，趋势与转折贯穿于价格运动的整个过程：趋势——转折——趋势——转折……周而复始,生生不息。当一段趋势完成之后,多空力量由一方压倒性胜利转变为多空势均力敌,价格开始构筑形态:若只是前段趋势的暂停即为中继形态;若是多空异位,发生根本性转化,即为反转形态,意味着趋势发生了转折,价格即将开始一段新的趋势。

交易的精髓在于鉴别清楚趋势与转折,融券交易也不例外。就"趋势"而言,在下跌趋势中寻找次级折返趋势结束后(反弹结束),下跌中继的开仓时机。就"转折"而言,融券交易的着眼于:寻找多头趋势终结,头部构筑完成,多头趋势转换成为空头趋势,股价开始下跌的卖空机会。所以融券交易的时机选择主要在多头浪的"终结"与空头浪的"持续"这两条主线,简单地归纳即为顶部的识别与下跌中继的判断。

一、识别顶部融券卖空

(一)顶部的形成机理

股价涨跌的背后是由资金推动的,而资金的持续流出必然会导致价格的下跌。个股顶部的形成,多为多头主力出货所致。在一段多头趋势运动中,随着股价的不断攀升,市场上的获利筹码随着上升波的延续会越来越多,获利盘与解套盘的抛压会不断增加,卖出筹码的做空力量逐步多于买入筹码的做多力量,反映在供求关系上就是供过于求,价格为了达到供求上的动态平衡就必然朝下移动。在顶部形成之前,这种回吐所造成的股价回档的幅度是有限的。因此,一个升势的维持,成交量的逐渐增长是很重要的,一旦成交量跟不上去,则越来越多的获利盘就会被抛出,于是造成股价的回档整理。当这种回档在一定限度之内时,投资大众的心态仍能保持"逢低吸纳"的状态,如果股价出现较大的跌幅,就会唤醒一部分投资者的风险意识,使之产生获利平仓、落袋为安的想法,而这种想法又势必导致股价的进一步受压,从而唤醒更多的投资者。如此循环,多空力量转变,大市即可见顶。

(二)顶部的市场特征

要想在高价位顺利出货,主力资金必须处理好快速出货与维持高价位的矛盾:为了使账面利润兑现成实际利润,就必须加快出货力度;而加快出货力度势必引起股价快速下跌。为此,主力会借助媒体发布利好,减少市场的抛压,维持股价高位不坠;采用多种操盘手段,如开盘高开、尾盘拉高做高收盘价、大单出小单拉等，尽量延长出货时间。虽然主力极力掩盖其出货的手段，但是不管怎样掩盖，大规模的资金流出总会露出蛛丝马迹，体现在盘面上，常见一些见顶信号，如放量滞涨、量价背离、常常出现长影线的星体 K 线、放量大阴线、向下缺口 K 线、技术指标高位钝化、假突破等，这些都是主力出货的前兆。

价格顶部有如下特征：

1. 顶部形成之前必有一段上升趋势的存在

无论是短期阶段性顶部还是中长期顶部，在其形成之前必有一段上升趋势的存在，否则，就构不成顶部。股价上涨持续的时间越长、幅度越大，顶部完成后的下跌空间也越大。顶部按照时间周期划分，可分为短期顶部、中期底部与长期顶部。

2. 顶部运行的时间较底部短

一般来讲，顶部运行的时间较底部短。股谚有"底部百日，顶部三天"的说法。在底部，主力资金尽可能多买进低成本的筹码，反复的吸筹、洗盘，有的还要向下假突破骗线，所以底部是长时间"磨"出来的，有的股票构筑的大底要超过一年甚至几年。而在顶部，主力资金要快速兑现利润，套现的心态很急切，一旦去意已定，很少再吃进，有接盘的就抛，甚至大阴杀跌出货。所以，价格运行特征倾向于慢升快跌，做多赚得多，需要时间和耐心持有；做空则赚得快，需要时机和果断出手，在顶部做空，通常赢利的速度比较快。

3. 顶部震荡幅度比底部震荡幅度大

在底部，主力资金的建仓动作尽可能保持隐蔽，一般打压吸筹的幅度不至太大，以免其他机构抢进廉价的筹码，因而股价整体的震荡幅度不大。而在顶部出货阶段，为了将手中筹码卖个好价钱，主力无所不用其极，股价拉高之后便择机套现。在股价见高点，回落一段之后，主力便构筑震荡蓄势向上的形态，多次给投资者造成还能再做一波行情的幻想，以吸引买盘跟进。有的主力还进行一次或几次的向上假突破的动作。一般来说，若不是大盘走坏或是个股出大的利空，主力不会采取直接杀跌强行出货的方式，否则，股价会立马破位，难以吸引买盘接货。所以，顶部的日 K 线表现出反复波动的特征，且震荡较大，经常性地出现头肩顶、双顶、多重顶等顶部形态，有的甚至是多种形态共同构筑的复合顶部形态。

4. 顶部成交量特征

（1）成交量常出现背离现象。顶部成交量的背离常常表现为放量滞涨与价升量缩。

1) 放量滞涨。在高位出货时，主力会在派发的同时尽量维护股价。而部分投资者认为"有量"肯定就会"有价"的，相信股价还会继续上涨，因此就会入场买进，接手主力抛售出来的筹码，从而导致成交量放大而股价却没有上涨的滞涨现象。滞涨表明股价的上涨动能正在逐步衰退。成交量的放大并不是买方主导市场产生的成交量，而是主力机构出货导致的，这种区域性量价背离的出现预示着顶部反转即将出现。通常是多空双方力量逐渐转换的反映。

2) 量缩价涨。量缩价涨是指成交量逐渐缩小，股价反而继续上升的量价配合现象。在顶部的震荡过程中，量缩价涨表明大部分人不认同现有走势，现在的走势要修正，这种量价背离的现象时常出现在顶部形态。

另外，在持续的下降行情中，有时也会出现量缩价涨的反弹走势。当股价经过短期内的大幅度下跌后，由于跌幅过猛，主力没能全部出货，因此，他们会抓住大部分投资者不忍轻易割肉的心理，用少量资金再次将股价拉高，造成量缩价涨的假象，从而利用这种反弹走势达到出货的目的。因此，在下降行情中出现量缩价涨的反弹，往往会形成短线小顶部，也是顺势做空的好时机。

（2）多出现脉冲式巨量。股价运行到高位区域或是下降行情中短时间的反弹，出现脉冲式放量，这种异动量能通常都是主力刻意制造放量上涨的良好市场氛围，或者借利好消息以吸引跟风盘盲目追涨，而趁势大量抛售筹码。高位脉冲式巨量容易形成"天量天价"，这就是所谓的"巨量成头"，特别是收出巨量长上影 K 线、长阴线，股价容易见顶。

（3）价格下跌不一定需要放量。绵绵阴跌也是熊市的一大特征。在顶部，如果是未明显放量下跌，表明持股者的惜售心理，期望以后还会止跌回升，另外也表明市场承接乏力，同样下跌空间也会很大。所以股价在下跌过程中不放量是正常现象，这也符合自然规律：上涨就如脱离地心引力一般，需要相当多的能量才行；下跌则有点像自由落体运动，需要的能量比较小。

5. 顶部分时特征

在顶部，分时走势震荡加大。有时开盘就拉升，分时线显得流畅有力，但在高价位处停留的时间较短，之后便慢慢盘跌，至尾盘又拉上来；或是早盘跌，尾盘拉升，骗线诱多。有时股价高开低走，主力利用高开造成股价强势的表象，借机吸引短线投资者接盘，走低时卖压沉重，下方一有接盘就出，常常出现大手笔的抛单。有时杀跌时分时线下跌角度大，成交量也明显放大，而反弹时表现无力，成交量明显萎缩。委买盘一出现合适的大单买入量就坚决给货，然后用小单将股价拉起。

6. 顶部 K 线特征

在顶部经常出现穿头破脚、乌云盖顶、高位垂死十字、平顶等 K 线，特别是这些 K 线伴随大的成交量往往是股价见顶的信号。

7. 顶部技术指标特征

顶部 KDJ、RSI、MACD 等技术指标常常处于极度超买状态，长时间钝化，产生顶背离，出现死亡交叉等。

8. 顶部均线特征

在顶部震荡后期，短中期均线系统逐步收敛直至黏合，若股价向下击穿 30 日或 60 日等重要均线，即形成均线空头排列。其中，60 日平均线是股价的生命线，主力资金在头部开始出货时，股价一旦收盘跌破 60 日平均线，是股价走软的先兆。

9. 顶部价格形态特征

当 K 线图表在高位出现头肩顶、双顶、尖顶、圆弧顶、岛形反转等形态时，都是非常明显的顶部形态。

10. 常见向上假突破

一般来讲，向上突破往往意味着股价还有上涨的空间，主力就利用这一投资者普遍的认识，反技术操作大幅出货。往往先以放量长阳甚至涨停的 K 线，吸引投资者跟进；但是，这样的强势持续时间非常短，往往两三个交易日便快速冲高回落，并同时放出巨大的成交量，这就形成了假突破，股价随之见顶。

（三）顶部的识别

如同做多期望买在底部一样，融券交易在顶部卖空当然收益要高得多，顶部的形成意味着一段下跌趋势的开始，所以做好融券卖空的重要一环就是顶部的识别。

"树不可能长到天上去"，任何股票都会出现顶部。当然，顶部也是分级别的——有的是短线的小顶部，有的是中线阶段性顶部，有的是历史大顶。历史大顶可遇而不可求，短线的小顶部容易被轧空，所以有操作价值的是中线顶部或是下跌趋势中的次级折返，价格反弹形成的阶段性顶部；若顶部信号明确，则融券交易既安全又有效。

一段多头趋势的终结是以顶部的构筑完成为标志的。顶部有个股顶部与大盘顶部，个股顶部的形成有受大盘拖累形成的，有主力资金倒货形成，有基本面利空形成的；而大盘头部的形成则较为复杂。

1. 大盘顶部的识别

大盘是王道，要想做好融券交易，大盘顶部的识别是很关键的一环。因为80%以上的股票是跟随大盘而动，大盘见顶即意味着绝大多数的股票亦见顶；见顶意味着将进入空头市场，融券交易的胜算无疑会高。大盘见顶是种种因素共同作用的结果，研判大盘顶部有三个关键点：政策拐点、技术拐点和市场热度。

（1）政策性利空导致大盘见顶（政策顶）。在股市连续暴涨，价格严重背离价值时，管理层为了防止市场的过度投机，出台一些抑制股市投机的政策，这时容易形成政策顶。识别政策顶要关注几个方面：看指数是否在高位，A 股历来有高位出利空，低位出利好的规律；看政策调控的力度及密集度是否具有重大影响。在顶部区域，常见的政策拐点有：管理层警示股市泡沫、货币政策不断收紧、严查信贷资金入市、百亿级基金频繁出现、基金募集不断刷新纪录、IPO 提速、大盘股上市、再融资密集发行，等等。政策拐点通常出现在趋势性拐点之前，对于形成趋势性拐点起到关键性作用。我国股市的几次历史大顶，都是政策顶（具体案例及分析详见第五章）。

（2）技术面出现顶部特征。大盘经过大幅上涨之后，指数技术指标上出现超买、钝化、顶背离现象，KD 和 RSI 同时在 80~90 以上长时间钝化，MACD 出现顶背离、高位死叉；指数跌破重要支撑线、重要趋势线或重要均线；成交量出现量价背离，量增价滞；出现放量大阴、长上影星体 K 线；出现顶分型、黄昏之星等 K 线组合。

市场出现连续性大成交量及天量也是大盘见顶的重要特征。2007 年 10 月 12 日放出 2215 亿元阶段性天量，2 个交易日见大顶 6127 点；2009 年 7 月 29 日，大盘收出 3028 亿元的巨量长阴线，4 个交易日后见顶 3478 点；2010 年 11 月 12 日，大盘收出 3028 亿元的巨量长阴线，3186 点的顶部成立；2015 年 6 月 8 日，大盘放出 13099 亿元的历史天量，5 个交易日后见大顶 5178 点；2015 年 11 月 5 日，大盘放出见底反弹后出现最大的成交量 6787 亿元，随后大盘开始构筑阶段性顶部。

（3）市场热度。"行情在绝望中诞生，在犹豫成长，在憧憬中成熟，在希望中毁灭。"从市场博弈的角度讲，主力机构往往是在人气低迷时买进，在人气极热时卖出，而绝大多数普通投资者往往与之相反。主力机构往往在高位区制造人气沸腾的局面。这时候，许多股票进入主升浪；赚钱效应弥漫；涨幅榜经常两三板涨停板的股票；市场无视利空，放大利好；媒体、券商、基金机构狂热唱多，普遍认为股指还会继续创新高，等等。衡量市场热度还有一个市场人气指标——"散户火热指数"：新股民排队入市，股神随处都是，各类股评会人满为患，散户大厅人山人海，证券类报纸脱销，连不懂股票是何物的老太太都谈论着买股票。市场处于狂热状态，投资者贪婪的情绪达到白热化，散户指数火热到极致，殊不知，人气鼎沸为主力大肆出货制造了良机。"擦鞋童理论"即证明了这一点。19世纪20年代末，美国股市牛气冲天，一片繁荣。有一天，一个擦鞋童给约瑟夫·肯尼迪擦皮鞋时，说他也买进了一些股票，有一份要发财的美国梦想。擦鞋童的话，让约瑟夫猛然意识到，这轮股市牛市行情可能要结束了。他的理由是："如果连擦鞋童都知道进入股市买股票，那还剩下谁没进入股市呢？既然大家都已经跳进了股市，那市场就只能是下跌，没有其他路可以走了。"于是，约瑟夫·肯尼迪把他的资金从股市中撤出，从而躲过了1929年的大股灾。

（4）其他特征。除以上三个重要特征外，大盘见顶还有其他一些常见的征兆：

1）龙头股或领涨板块出现滞涨，垃圾股大面积补涨。在无论是技术面还是基本面都向好的情况下，龙头股或领涨板块个股放量滞涨，欲升乏力；有的领涨股不断有大手笔抛盘，股价遭重挫跌幅居前，开始领先于大盘筑头。而与此同时，前期涨幅不大的绩差股、ST等垃圾股却"鸡犬升天"，显示市场已经极度投机。垃圾股大面积补涨往往是市场最后的晚餐，是大盘即将见顶的一种征兆。

2）拉权重股护指数。在行情末端，主力常常拉抬中石油、中石化等大型权重指标股来稳定指数，而一些中小盘的资金则在流出，形成所谓的"拉指数出个股"的局面，"二八效应"明显。

3）市场热点散乱，节奏轮换较快且缺乏持续性，市场没有具有号召力的品种，这也是大盘走弱的重要信号。

2. 个股顶部的识别

股价涨跌的背后是由资金推动的，而资金的流出必然会导致股价的下跌。有主力资金运作的个股，其顶部的形成除大盘因素外，主力资金的撤离是主要原因。股价被炒高后，主力绞尽脑汁，想方设法要把手中股票卖出，将账面利润变现；主力资金出逃造成多空力量发生转化，由于做空力量持续地大于做多力量，价格必然向下运动，顶部就此形成。

（1）识别个股顶部首先需要了解主力资金的运作流程。主力资金运作标的股票的流程通常有建仓、洗盘、拉升、出货几个步骤，如图 6-11 所示。

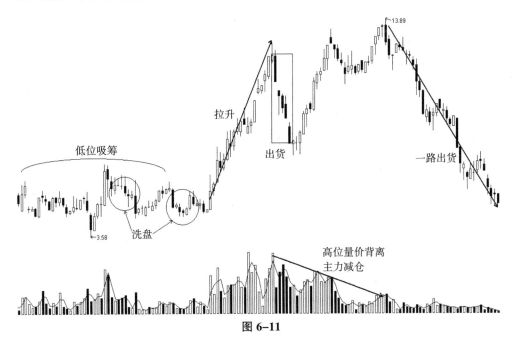

图 6-11

1）建仓。在主力建仓阶段，吃进筹码尽可能保持隐秘，"动作"不能太明显，对股价的打压也不敢太过，尽一切可能在低价区收集低成本筹码。这样 K 线经常会在低位收出小阳、小阴、十字星。到了建仓阶段后期，成交量开始温和放大，股价出现小幅度上涨或较为明显的震荡走势。

2）洗盘。洗盘的目的是主力机构为了清除市场浮动筹码的跟风盘，提高市场整体持仓成本，减少进一步股价拉升的压力。主力通常采用震荡洗盘、打压洗盘和平台整理洗盘等方式来达到震出部分跟风盘的目的，同时利用高抛低吸，降低自身的持仓成本。

3）拉升。震仓洗盘之后，主力便开始迅速拉升股价，快速脱离成本区，股价进入主升浪。在拉升阶段中，均线系统呈明显的多头排列，频繁拉出中、长阳线，阳线的数量远多于阴线，经常出现强于大盘的走势。拉升有逼空式拉升、台阶式拉升、振荡式拉升、边拉边洗式拉升，股票的拉升幅度决定主力的获利空间，取决于目标股的市场人气、炒作题材、股价定位、资金成本、主力实力以及大盘环境等多种因素。一般来说，股价的拉升空间幅度最少为 30%，否则主力难以出货，一般情况是 50% 以上，幅度较大的超过 1 倍。

4) 出货。股价炒作的目标位达到了，主力就要想方设法将账面上的盈利变现，就要将手中的筹码派发出去，也就是到了出货阶段。一般来讲，只要资金充足，股价很容易拉上去，但想在高位把筹码卖出去就不是简单的事了。因为如果没人接盘，筹码卖给谁？一些主力"坐庄"失败的原因绝大多数是"货"出不了，砸在自己手中。所以，在出货阶段，主力会绞尽脑汁，无所不用其极：放量对倒拉大阳（甚至涨停）造成上涨强势的假象，诱引散户追涨，而暗中出货；甚至不惜以身试法，与上市公司勾结出利好，雇用一些研究机构唱多或是通过内幕交易让公募基金高位接盘，等等。

（2）识别个股顶部需要研究主力出货的方式。如果主力资金的大规模流出，意味着股价的上升趋势即将发生转折，多空易位，顶部就此形成。因而，做好融券交易就需要我们深入研判主力出货的伎俩。主力常用的出货方式有以下几种：

1) 拉高出货法。当股价大幅拉升后，"高处不胜寒"，投资者高位买进的意愿不强，为了将手中的筹码顺利派发，主力通常会拉高股价进行出货。为了吸引跟风盘进来，主力将股价再次拉升，有的还借助突发性重大利好消息的发布，或是整个板块成为热点，利用成交量大幅放大、追涨狂热的市场氛围，采用多出少进的方式与跟风盘冲锋，从而达到出货的目的。可以说，拉高出货是主力机构利用人性的弱点针对投资者盲目追高，玩出的心理骗术。

拉高出货在短线上经常出现。当某只股票成为市场热点，趋势形态良好、受到场外资金关注，在短线买入情绪高涨的时候，早已潜伏的主力资金乘势兑现筹码。涨停板敢死队多是这种套路，如图 6-12 所示。

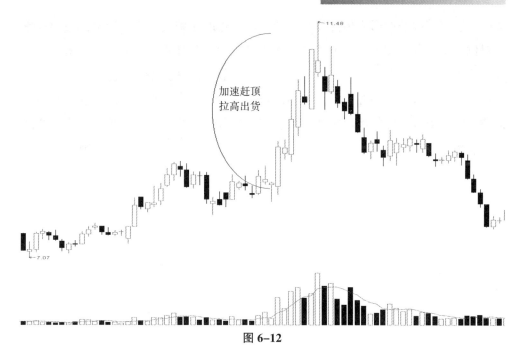

加速赶顶
拉高出货

图 6-12

采用这种出货方式的股票股价前期都有过不小的涨幅或者说是经过一波拉升，在接近阶段性顶部时股价快速拉升，同时量能较前期拉升时有明显放大；或经过前期大幅拉升后股价作平台整理，但在平台整理时有不规则量能放出，然后再度拉升形成向上突破之势，但股价快速冲高回落，形成假突破、真出货。

涨停式出货是一种特殊拉高出货法。利用涨停出货可以说是拉高出货的最高境界，也是一种比较高明的派发手法。涨停式出货往往利用突发性利好消息，或是炮制一些热点概念，股价进入加速上扬阶段，并且上扬速度越来越快，甚至出现飙升的行情。观望的跟风盘忍受不住股价快速上涨的诱惑，获利的跟风盘也由于利润的快速增长而滋生出贪婪的心态，从而产生惜售心理，而主力正是抓住了这个机会，以巨量的买单将股价封至涨停，从而使多头气氛达到高潮。这时，主力便会暗中撤掉自己在买盘处的挂单，将跟风的买单推到前面，并且开始小量卖出筹码，等这些买单被消灭得差不多的时候，主力又会挂上自己的买单封住涨停板，而后继续等待散户排队购买，再度打开重新抛售，反复多次。这种出货方式的特点通常是涨停板会多次被打开，而且打开时通常伴有较大的成交量。

诱多式拉高出货也是常见的出货方式。诱多出货往往是主力机构拉大阳甚至是涨停，这样不但可以吸引来足够的人气，而且还可以为主力创造出更大的盈利空间。所以短线个股形成顶部往往都会出现诱人的大阳线。主力诱多出货时通常会对倒放量，盘口常常看到上档的大卖单被吃掉——其实是主力自己的筹码，这样不需吃进太多的筹码就可将股价推高，制造股价量增价涨的强势特征，以吸引跟风盘来高位接货。一般来说，诱多出货时间比较短，且高度不高。这种出货常形成十字星单日反转，将追高者高位套牢。识别高位假突破诱多也是融券卖空的一个很好的机会——既然主力并不想再拉升股价，在此做头的概率很高，如图6-13所示。

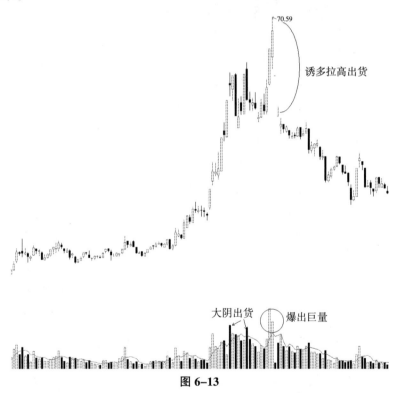

70.59

诱多拉高出货

大阴出货   爆出巨量

图 6-13

波浪理论的第五浪或是延伸浪反映的多是主力机构做出的拉高出货波。

2）震荡出货。震荡出货是主力机构最常用的一种出货手法。主力将股价拉抬到达了目标价位，如果大盘有人气配合，主力就开始借机出货。出货使盘中卖压增高，势必会造成股价下跌。当股价下跌到某一支撑位时，主力就会出来护盘，再制造一波快速有力的拉抬，一方面稳定持股者的信心，另一方面诱引追涨盘与抄底盘买进。主力机构的出货和护盘动作交替就形成了震荡走势。主力机构利用震荡走势得以维持住人气、稳住卖盘从而实现出货。震荡式出货有两大特征：一是熊长牛短。主力在一定区间内反复出货和护盘，由于出的多进的少，所以在走势上很容易形成熊长牛短的形态。股价在下跌的时候速度较慢时间较长，这样主力可以利用有限的空间尽量多出货；在上涨的时候流畅迅猛时间较短，这样可以减少拉抬成本。股价在分时走势上也呈现急拉缓跌的波动特征。二是反复波动。日 K 线的形态上多呈现上下反复波动的特征，形成多个小头部；股价在盘中也大幅震荡，多出现带量的较长上下影 K 线。我们见到的经典的顶部形态，如头肩顶、双头、多重顶就是主力机构震荡出货的结果。

震荡出货法有一个前提是大市不能太差、个股无利空，如图 6-14 所示。

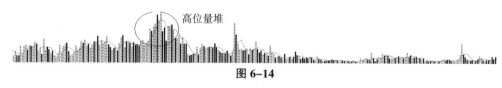

图 6-14

3）杀跌式出货手法。杀跌式出货是主力机构大阴杀跌，短时间内将筹码派发出去，甚至不计成本的抛售，将股价打至跌停出货。盘中持续快速地抛出大笔筹码，从而在很短的时间内引起股价快速下跌，有时连拉数根阴线，多是主力提前获知个股的重大利空消息，或是本身资金链出现问题，或是极度看淡后市，或是某种原因迫使主力迅速撤离，选择快速出局。由于主力持股成本远远低于大众持股成本，获利丰厚，即使股价快速下跌后主力仍然有巨大的收益。股价总体走势呈逐波下探之势，重心快速下移，在 K 线图标上往往出现长阴线。尖顶形态就是典型的杀跌出货形成的，如图 6-15 所示。

图 6-15

4）假填权真出货。个股大幅飙涨后经过除权，股价给人一种"低廉"的错觉，往往就会产生持有或购买的欲望，主力就开始抢先派发筹码。于是，主力先做一个"填权"的假动作，放量小幅拉升，制造填权假象进行出货。从量价关系上可以明显看出属于放量滞涨，而主力在这个过程中却在大量派发筹码。

融券卖点分析：个股除权之前经过了大幅的上涨，若除权后连续放量而股价滞涨时，可以择机开出空单，如图 6-16 所示。

以上列举了主力经常采用的几种出货方式，但需要指出的是，这些出货方式并不是单独使用的。例如，主力有可能在大势向好时，先采用拉高的方式完成一部分筹码的派发，然后在高位继续采用横盘整理或者上下震荡的方式继续出货，在接近尾声的时候可能就会采用假突破或是直接快速下跌的出货方式完成出货过程。主力出货时股价并不一定会马上下跌，但是出货完成或接近后，股价的下跌几乎已成定局。

虽然总体上看，主力出货会导致股价下跌，但是主力在开始减仓后的相当长一段时间内仍然能够很好地掌控个股的走势，如果大势较好，主力就很有可能再拉上一波。对于融券交易而言，如果过早卖空可能易被轧空。融券投资者如果踏不准主力的震荡节奏，最好不要参与，待其盘出头部后，破位下挫时再出手，这

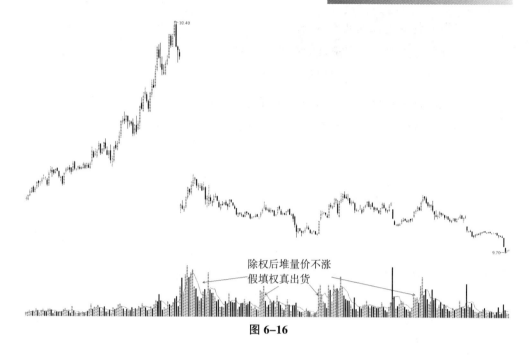

图 6-16

才是比较稳健的操作手法。

　　总之，股价运作基本上脱离不了这几个步骤。但在实际的操盘过程时，也有可能以多种"动作"出现进行，例如，一边洗盘、一边吸筹，或者一边拉升、一边洗盘，到了高价区一边拉升、一边出货等。投资者需要弄明白每一种波动形态体现出的盘中主力的真正意图。

（四）顶部价格形态的识别

　　价格运动是非简单的单边运行，期间总会出现一些调整与回撤，这都是由多空双方角力而形成各种价格形态，价格形态分成两大类型：反转形态和中继（持续）形态。反转形态名副其实意味着原有的趋势发生重要转折，价格将向相反的方向运行；中续形态只是原有趋势的暂时性休整，之后价格继续向原方向运行。价格运动是反转形态和中继形态不断交替进行的过程：底部反转形态——上升中继形态——顶部反转形态——下跌中继形态——底部反转形态……循环往复，生生不息。

　　价格形态是由多空力量反复搏杀留下的K线图形，通过分析这些价格轨迹形态来预测股票价格未来的趋势。形态分析的核心要遵循"趋势为本"的原则，因为形态的分类，与趋势的转变与否有关。

1. 形态分析要关注的几个方面

（1）趋势与突破。形态出现之前股价已经存在一定的运行趋势，一边倒的单边走势是不存在的，价格总要做侧向运动，形成一定的价格形态。若原有趋势彻底改变，即形成反转形态；若只是对原有趋势的暂时性休整，之后是原有趋势的继续，则为中继形态。反转意味着趋势的彻底转折，上升趋势转变为下跌走势或者下跌趋势转变为上升走势。上升趋势中出现的中继形态，意示股价仍将延续上涨趋势；下降趋势中出现中继形态，意味着股价仍然存在下跌空间。

形态的确立以价格有效突破压力或支撑为标志，因为压力线或支撑线被市场大多数参与者都认同，具有真正的市场影响力和跟风效应。价格只有在形态突破之后才会有快速进展，继续原有趋势或是彻底反向运动。反转形态以颈线的突破作为趋势是否成功反转的标志，而中继形态则以支撑线或阻力线的突破为标志。

在实际情况中经常存在假突破，假突破往往是主力资金做的"虚晃一枪"，"欲上先下，欲下先上"，假突破成了价格朝反方向运动的佐证，向上的假突破意味着主力诱多出货，价格后市下跌的概率大；向下的假突破是主力制造的空头陷阱，价格后市上涨的概率大。突破是否有效，可采用"三三"法则来鉴别：一是收盘价突破超过3%，二是3个交易日能够站稳。

形态突破之后常常会出现一日或几日的回试或反抽，这时也是多方平仓或融券卖空开仓的时机。

（2）形态的级别与规模。形态分析常用的级别主要是日线与周线，最低也是两小时周期，分时形态操作价值不大。相对而言，周期越大，形态的可靠性越大，周线形态比日线形态可靠性大。规模就是价格形态的宽度和长度。宽度是形态区间波动的高低幅度；长度是构筑该形态需要的时间；形态的规模越大，即在形态内价格波动幅度越大且构筑形态的时间越长，那么其具有的意义就越重大，所预测的结论越精准，突破之后的价格运动的空间就越大。原因是其间消耗了大量的多头或空头的力量，引发了由量变到质变的过程，这也体现了时间和空间的互换含义。与反转形态相比，中继形态的规模相对要小些（若中继形态的规模过大则易演变成为反转形态），因为趋势的惯性作用，保持原有趋势比扭转趋势更容易。大形态出大趋势，小形态出小趋势，而趋势一旦展开就不易结束，直至能量释放完毕，形成新的趋势。反转形态的级别与规模是融券投资者重要的关注点。

（3）形态的成交量。成交量一般应该顺着市场趋势的方向相应地增长，即我们所说的量价同步，这也是验证价格形态完成与否的重要因素。任何形态在完成时，理论上均应伴随成交易量的显著增加。当价格形态（底部反转形态和上涨中继形态）向上突破的时候，需要成交量的同步放大，否则突破的有效性就值得怀疑了。如果当价格形态（顶部反转形态和下跌中继形态）向下突破的时候，对成交量的要求则会有所保留，因为买盘无力，股价无量也能下跌。当然，向下突破时，若成交量呈放大态势，则是空头的加分项，融券卖空的胜率就高。在反转形态中往往会出现大的成交量，特别是顶部往往出现天量或不规则放量的现象。我们前面分析过，"天量即天价"，股价形成反转的可能性很大。中继形态出现时，成交量一般会有一个逐渐缩小的过程，当中继形态快构筑完成时，成交量也萎缩到极点，而中继形态一旦被突破，成交量会逐渐放大。

（4）形态的转化。从趋势的角度分析，形态的失败意味着反转形态与中继形态发生了相互转化。一般来说，反转形态演变成中继形态容易，而中继持续形态演变成反转形态则较为困难。道理很简单，顺应趋势容易，扭转趋势难。

（5）复合形态。我们常常看到，大的底部与顶部并非是很经典的反转形态，而是由多个形态相嵌合，一个形态包含着另一个形态，一个形态又联结着另一个形态，多个形态组成了复杂的复合形态。大的头肩顶和头肩底一般均为复合形态；而中继形态则一般很难形成复杂形态，因为要形成复杂形态需要的时间较长，若时间过长，量变成质变，中继形态则容易转化为反转形态。

最常见的反转形态有：头肩顶、双顶、多重顶（矩形）、尖顶、圆弧顶以及头肩底、双底、多重底（矩形）、"V"形底、圆弧底。

中继形态，则包括三角形、旗形、楔形以及矩形。

对融券交易而言，我们要寻找股价下跌的开空时机，所以要重点研究的是顶部反转形态与下跌中继形态。

2. 顶部反转形态的特征

（1）顶部反转形态出现之前，已经存在一段上升的趋势，这是顶部反转形态成立的首要条件，否则不可能形成反转形态。在某个时段，上升趋势线被跌破，这是趋势反转的第一个信号。

（2）顶部反转形态通常经历的时间短且波动性强。反转形态的大小与后市的跌幅度成正比，形态波动越剧烈、时间越长，反转后价格向下的空间越大。一般地，中小盘股的顶部波动幅度大，而大盘蓝筹股则小些。

（3）颈线或重要支撑线是重要的多空分界线，其能否被有效跌破是顶部反转形态确立的重要标志。大阴线或者中阴线或缺口跌破颈线，这样跌破的可靠性就高；一旦被有效跌破，标志着空方胜出和多方的溃败，同时意味着顶部形态完成，多空即将产生转化。有时颈线被跌破后会反抽测试颈线的有效性，确认头部的阻力。

如果颈线被跌破后股价下跌幅度不大，而成交量却放出巨量，则股价短期内大幅下挫的可能性小，而是走回升或者横盘整理的可能性大。所以理想的成交量是略有放大，但最好不要出现天量。

有时，股价会在颈线附近徘徊，形成一个振幅不大的整理区域，股价跌破这个区间后存在很好的做空机会。

（4）相对于上涨，下跌突破对于成交量的要求较低。因为向上需要多头耗费相当的能量，向下则如"自由落体"，无量下跌也是正常的现象。如果市场最初跌破颈线时成交量骤放，那么反抽（多头逃命波）的可能性就很小，因为反映出市场抛压沉重；若跌破颈线时的成交量较小，多头会作最后的挣扎，那么反抽的可能性就大，如图6-17所示。

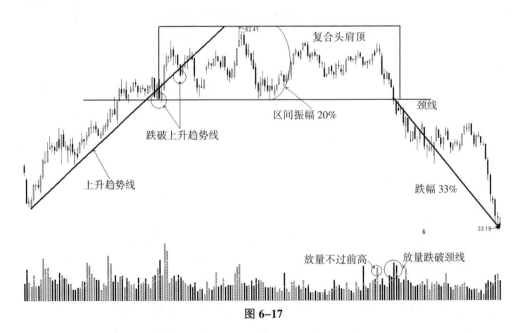

图 6-17

（五）识别顶部反转形态融券卖空

1. 头肩顶融券卖空

头肩顶是一种由上升趋势向下跌趋势转折的反转形态，一般在牛末熊初和阶段性顶部出现。

（1）形态分析。股价在高位通过连续的三次起落出现了三个局部的高点。左右两个相对较低的高点称为"肩"，中间的高点称为"头"。如果把两次短期回落的低点用直线连接起来，便可以画出形态的颈线。颈线的技术意义，就在于它是一条重要的支撑线或阻力线。只要颈线支撑被有效跌破，头肩顶形态便告正式形成，如图 6-18 所示。

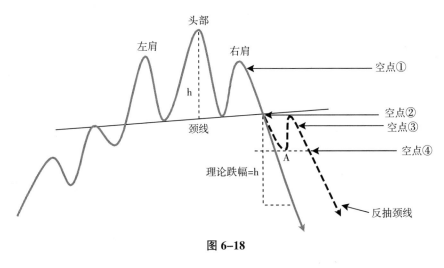

图 6-18

（2）研判要点。

1）一般来说，左肩和右肩的高点大致相等，部分头肩顶的右肩较左肩为低，但右肩的高点不能高于头部。

2）从颈线来看，若颈线倾斜向下，则显示出多头乏力，对空方有利。当颈线跌破时，成交量不需要增加。假若成交量在跌破时激增，显示市场的抛售力量十分庞大，市场可能会加速下跌。其次，在跌破颈线后可能会出现暂时性的"回抽"，这种情形通常会在低成交量的跌破时出现，但暂时回升不应该超越颈线水平。

3）理想的成交量状况是：左肩最大，头部次之，右肩最少。股价第一次冲高时（左肩）的成交量较大，回落时成交量逐渐减少；第二次冲高，价位见新高点（头部），而成交量未能配合，是一个背驰信号；第三次冲高（右肩）时成交量继续萎缩，显示多方上攻无力，则进一步增加了头肩顶形成的可能性。在此过程中，最好出现巨量和不规则放量的现象，这预示着主力资金在出货。突破颈线时量能增加，反抽时量能减少，反抽结束后量能再度扩张，加剧下跌。当跌破颈线时，倘若成交量在跌破时激增，显示市场的抛售力量十分庞大，股价会在成交量增加的情形下加速下跌。股价跌破颈线后，若成交量小，出现反弹（或称回抽）的机会较大；若成交量明显放大，则会加速下跌，即使反弹也很乏力；先是很小的量击破颈线，然后再放量下跌，甚至仍旧维持较小的量往下滑落也是常有的事。

头肩顶形态是资金出逃形成的形态，一般地，在头肩顶左肩或头部位置会放出巨量，甚至是脉冲式天量，看跌效能就会更高。

4）头肩顶理论跌幅：由颈线位置开始计算，价格下跌的空间至少等于从头部到颈线的垂直距离。

5）结合波浪理论，左肩可能处于3浪顶，而头部则可能处于5浪顶，这样形成头肩顶的概率便高。

6）头肩顶反转力度与其规模和周期成正比。形态形成的时间跨度越长，回测幅度越大，其跌幅的空间越大；周K线形成头肩顶走势，说明该股中长期走势已经转弱，股价将会出现一个较长时间的跌势。

7）头肩顶结构有时会演变成为一头多肩或多头多肩的复合头肩顶，研判其是否成为反转形态的标志是：颈线是否被有效跌破。一旦穿越颈线并完成了头肩顶形态，价格（收盘价）就不应再越过颈线。否则，最初的向下突破很可能是个无效的信号，是一个失败的头肩顶形态。

（3）融券交易空点解析。

1）当股价第三次冲高，高点明显低于前一高点（头部）位置，且成交量不能明显放时，就预示着头肩顶可能出现。这时融券卖空者需要密切关注，若出现量价背离、放量长阴线等做空信号，激进的投资者可以适量放空。

2）当颈线被放量长阴或是向下跳空击破时，就是一个可靠的卖空信号，这时就要大胆卖空，止损点设在颈线靠上位置便可。

3）股价跌破颈线后，若成交量小，出现反弹（或称回抽）的机会较大；反抽乏力，也是一个很好的卖空点。止损点设在颈线或是反抽波的高点。

4）反抽结束后，股价跌破反抽波的低点（A 点位置会形成重要的压力位），也是一个放空点。

（4）融券交易示例分析。

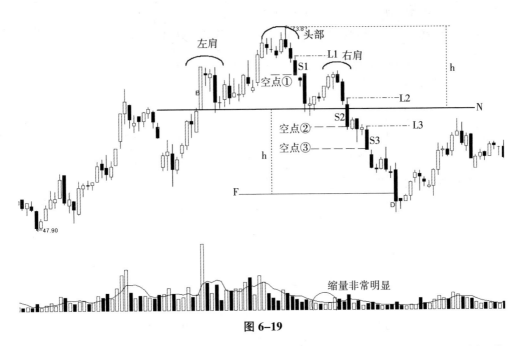

图 6-19

图 6-19 所示个股走出了一个头肩顶的头部结构。在第一个高点（左肩）收出巨量换手的长阳线 B，明显有资金在高位减仓；之后一波上攻形成第二个高点（头部），这里有滞涨迹象，并遭到空方快速反扑，出现高位"三乌鸦"的看空组合。缩量弱反抽后即遭到空方打压，右肩形成，中阴线 S2 干脆利索地击穿颈线 N，形成了头肩顶的形态。量能上看，左肩现天量，头部出现不规则量，右肩严重缩量，符合头肩顶的量能特征。从浪形上分析，该股走完了一个完整的上升 5 浪，阶段性见顶的概率非常大。

本案有三个做空点：

1）在"三乌鸦"的看空组合中的阴线 S1 收盘价附近，为第一空点（标示空点①处），这一做空点为领先空点，积极型的投资者可以介入，止损设置在该棒线的最高价（L1），风险约为 4.7%。

2）标准空点：棒线 S2 跌破颈线 N，预示着头肩顶头部结构的完成，而且从多空力量对比上分析，这时的空方明显占优，可选择在 S2 收盘价附近融券卖空

（空点②），止损设置在颈线上方处（L2），风险约为 5.8%。

3) 第三空点（空点③）：阴线 S3 以最低价收盘，且创出下跌的新低，与上两根棒线组成两阴夹一阳的空头组合，所以可以在 S3 收盘价附近追入空单，止损设置在 S3 的最高价（L3），风险约为 5.3%。

4) 价位在 F 一线满足跌幅 h，可以回补全部或绝大部分空单。

5) 未回补的空单可以将追踪止盈点设在棒线 D 的最高点。

2. 双顶融券卖空

双顶是一种常见的阶段性顶部形态。股价连续两次上升所到达的高度大致相同时形成了两个高点。其图形类似英文字母 M，因此又称为 M 头形态。

（1）形态分析。股价上涨到一定程度时，一些投资者开始获利回吐，成交量明显放大，达到了高峰，获利盘的打压致使上涨的行情转为下跌，形成第一个顶部；下跌至某一位置时，股价再度反弹上行，但成交量较第一高峰时收缩，反弹至前高附近之后再第二次下跌，并跌破第一次回落的低点（颈线位置），双顶形态便将形成，如图 6-20 所示。

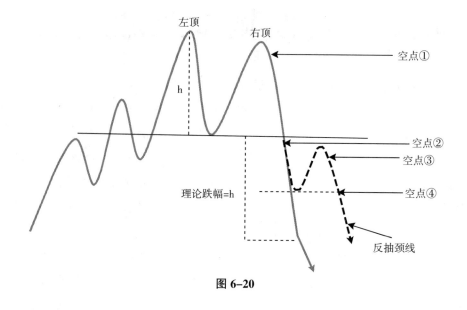

图 6-20

（2）研判要点。

1) 双顶的两个最高点不一定要在同一水平线上，两者相差不宜超过 3%。融券最好选择右顶比左顶低的形态，前高不过，这对空方有利。

2）在最近一个低点处画出与顶部平行的直线，即为颈线。颈线是一条重要的支撑线，若被有效跌破，双顶形态即可确立。

3）从成交量分析，双顶形成两个高峰过程都有明显的量峰出现；但第二个高峰（右顶）的成交量较第一个（左顶）显著收缩，反映市场的买方力量趋弱，是股价趋势反转为空头的征兆。

当跌破颈线时，倘若成交量呈放大态势，显示市场的抛售力量十分庞大，股价很大可能会加速下跌。若成交量小，出现反抽的可能性会较大。

4）双重顶向下有效突破颈线后，预估的最小量度跌幅为头部最高价到颈线的垂直距离。

5）双顶形态规模越大，即形成两顶所持续的时间越长，波动幅度越大，将来形态反转向下的空间就越大。一般来说，双顶之间形成的时间间隔不宜超过半年，太长则失去了判断意义。

6）双顶有时会演变成有多个小顶部的复合形双顶，研判其是否为反转形态的关键在于颈线位是否具有有效的支撑作用，是否被有效跌破。

7）失败的双顶形态也是存在的，股价有可能回落到颈线位时获得支撑，继而形成三重顶、多重顶或是矩形等形态，有时也可能演变为中继形态中的箱体震荡。

（3）融券交易空点解析。

1）双顶有四处卖空点，第一处卖空点是双顶的右顶转折处。此位置若是出现"断头闸刀"等空头信号，是双顶形态的第一的卖空点，激进的融券投资者可以适量放空。

2）双顶的第二处卖点是颈线位，股价向下突破颈线后，预示着形态完成，这是标准卖空点。

3）当股价跌破颈线后，若出现小反弹即为多头逃命波，反抽遇阻回落，出现空头信号，则是第三个卖空点。

4）股价跌破反抽前的低点，也是一个放空点。

（4）融券交易示例分析。

图6-21所示个股就是一个双顶的头部结构。走势上看，形成第二个顶的过程中，出现长上影与长下影棒线，显示多空分歧较大；同时量能也在极度缩减，显示多头无力上攻，很快遭到空方打压，股价快速跳空跌破颈线N，基本上确立

图 6-21

了双顶的头部形态，可进行融券卖空操作。

本案有两个较好的做空点：

1）由"⊥线"与跳空缺口的秃阴线 S1（C 区域）构成一个空头信号，可以在秃阴线收盘价附近开空（空点①处），这一做空点为领先空点，积极型的投资者可以介入，止损设置在该棒线的最高价（L1），风险约为 5.3%。

2）棒线 S2 以跳空跌破颈线（N 线），在 S2 收盘价附近开空，这一空点是标准空点（空点②），止损设置在颈线上方 2% 处，风险约为 4.5%。

3）第三空点：棒线 S3 以跳空跌破上方的小整理平台，在 S3 收盘价附近开空（空点③），止损设置在上根棒线的最高价（L2），风险约为 6%。

4）F 线的价位满足跌幅 h，也可以回补全部或绝大部分空单。

5）棒线 D 处，放大量收大阳，全部退出。

3. 多重顶融券卖空

（1）形态分析。超过两个顶的形态即为多重顶——也称为矩形，矩形区至少有三个高点和两个低点。一般常见的是三重顶，超过四个顶部的形态较少。本节以三重顶为例。三重顶是头肩顶的演变形态，所代表的意义基本相同，区别在于三个头部和两个低点基本平齐。与双顶的区别是多头又进行了最后一波的挣扎（逃命波），如图 6-22 所示。

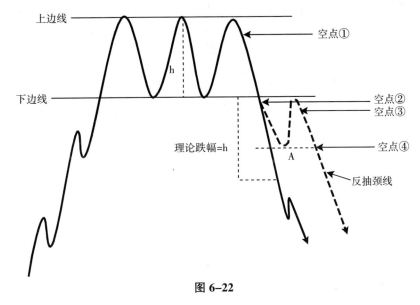

上边线

h

下边线

理论跌幅=h

A

空点①

空点②
空点③

空点④

反抽颈线

图 6-22

（2）研判要点。

1）三个顶点和低点不要求完全平齐（实际上完全平齐的情况是很少见的，除非是小周期的 120 分钟、60 分钟等），价格相差 3%以内即可，间隔距离与时间大致相近。

2）三个顶部之间应有一定的时间间隔，过少则会影响判断的准确性。

3）三个顶部最好对应的成交量是相继减少的，特别是第三个顶部的成交量非常小时，且反弹波比较短，这样便显示出多方力，空方势增，市场即将发生逆转。

4）三重顶在两处底点形成的支撑区被跌破后形态完成。三重顶理论最小跌幅是三个顶部高点的连线到颈线的垂直距离。顶部规模越大，下跌力量越强。这便是所谓的"横卧有多长，竖起有多高"的道理。

（3）融券交易空点解析。

做空点的选择与头肩顶相类似（详细内容参见头肩顶的章节）。

（4）融券交易示例分析。

图 6-23 所示个股出现了一个三重顶的头部结构。在第一个高点 H1 的区域收出多个带量的长腿十字棒线与高位巨量长阳，显示了筹码开始松动；之后在第二个顶部（标示 H2 的区域）出现多个螺旋桨阳线，最高价未超过前高，便遭到空头的快速打压；第三波上攻，创出了新高，但当日一个高开冲高走低的巨量大

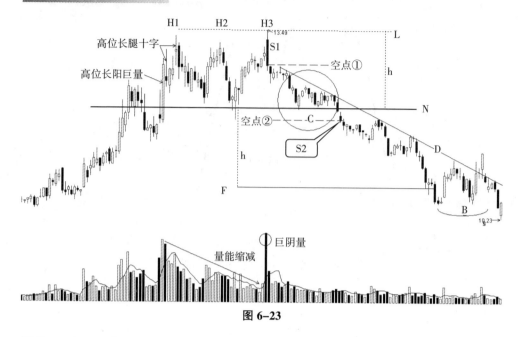

图 6-23

阴线，吞噬了前方五根线，是明显的"大阴吞噬"的空头信号。量能上看，从
H1 至 H3，量能在缩减，显示多头力疲；而阴线 S1 则是放出巨量，高开低走，
主力资金明显出逃，股价见顶；之后跳空跌破颈线 N，形成三重顶的形态，头部
确立。

本例有两个做空点：

1）在高位大阴线 S1 收盘价附近，为第一空点（空点①），这一做空点为领
先空点，积极型的投资者可以介入，止损设置在该棒线的最高价（L1），风险约
为 5.1%。

2）棒线 S2 跳空跌破颈线的徘徊区间，第二空点（空点②）可选择在 S2 收
盘价附近，止损设置在颈线（N 线）上方处，风险约为 5.3%，这一空点是标准
空点。

3）因为在标示 C 的区域形成了一个小的徘徊区间，迟迟不破颈线；若在 S1
做空，在此处可以减仓；减仓后可以在标准空点 S2 加仓，止损统一设置于颈
线位。

4）F 线的价位满足跌幅 h，也可以回补全部或绝大部分空单。

5）股价突破下降趋势线 D 也可以回补空单。

6）股价在标示 B 的区域跌至上升启动位，结构上有形成阶段性底部的可能，未回补的空单可以择机清仓。

4. 圆弧顶融券卖空

（1）形态分析。圆弧顶一般出现在长期上涨的高位区域，由主力资金在高位有计划地缓慢派发而逐步形成圆弧状，也被称为"碟形"或"碗形"。该形态反映了多头趋势缓慢而渐进的改变过程：当股价达到高点之后，涨势趋缓，买方力量在减弱，而卖方力量却在不断加强，多空力量逐渐发生了变化；经过一段时期的潜移默化的演变，随着空方力量的增强，股价重心逐步下移进而跌势转急而形成头部，如图 6-24 所示。

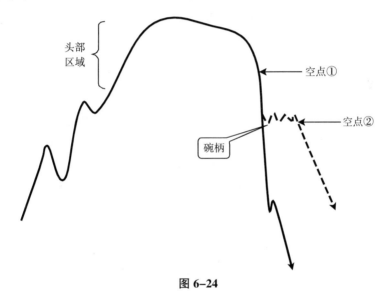

图 6-24

（2）研判要点。

1）圆弧顶末期大多会出现向下的跳空缺口、长阴吞噬、均线形态破位等空头信号，这些构成了对股价顶部的确认。

2）圆弧顶成交量特征：在价格上升时成交量增加，上升至顶部时反而显著减少，量价背离；在价格下滑时，成交量又开始稍稍放大，加速下跌时成交量放大；成交量量柱与股价走势相反而呈圆底形。一旦圆顶右侧成交量明显小于左侧量时，形成圆弧顶的概率就高。

3）圆弧顶有时会变异为扩展圆弧顶走势。有时当圆弧顶形成后，股价并不立刻下跌，而是侧向运动，形成一个小的整理区域，这平台称作"碗柄"。也是主力机构的出货平台，这一平台是持股者最后的出货机会。碗柄一般持续时间不长，很快便会被跌破而出现大幅度的下跌。如果带有跳空缺口，则股价下跌的速率将加快。碗柄被有效跌破标志着圆弧顶形态完成。

4）圆弧顶形态所形成的时间越长，其后的下跌的空间可能越大，但其理论下跌的目标位很难具体度量，一般只能通过支撑位、趋势线、黄金分割等方法来预测。

5）投机性强的个股较少见圆弧顶形态，一般出现在绩优蓝筹等股性温和的个股，这是因为这类个股群众基础好，持股者心态比较稳定，多空双方力量很难出现急剧变化，只有当多头主力在高位慢慢派发，空方力量逐渐超过多方，价格缓慢盘跌到一定程度，引起持股者恐慌，股价会破位下行。

6）圆弧顶形态出现在顶部的情况较为少见，而是常常出现在下跌趋势的反弹波中，标示着反弹力度的逐渐减弱，空头力量又开始成为主导。

（3）融券交易空点解析。

1）圆弧顶的融券交易策略重要一点就是寻找股价走弱的时机，寻找跳空缺口、长阴吞噬、断头闸刀等空头信号开空较为稳妥。

2）若圆弧顶带有"碗柄"，则股价跌破平台支撑是一个很好的开空点。

（4）融券交易示例分析。

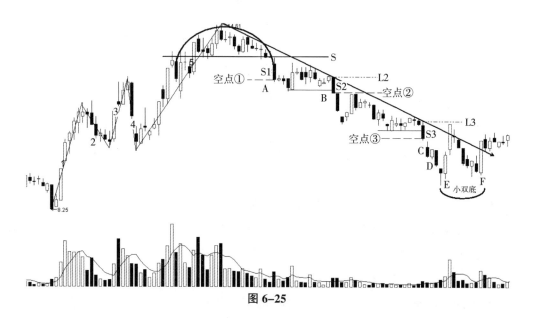

图 6-25

图 6-25 所示个股经过小 5 浪拉升至高位，期间涨幅近 80%。出现了一个圆弧顶，跳空低开阴线 A 跌破颈线 S，圆弧顶确立，可以进行融券卖空操作。

本案有四个做空点：

1）跳空低开的阴线 A，为第一空点（空点①），止损设置在颈线上方 2%处，风险约为 8.6%。

2）阴线 B 跌破 A 与 B 间的整理区间，在棒线 B 的收盘位附近为第二空点（空点②），止损设置在 B 的最高点（L1），即缺口上沿，风险约为 7.1%。

3）阴线 C 跌破 B 与 C 间的整理区间，创下跌新低，在棒线 C 的收盘位附近为第三空点（空点③），止损设置在 B 的最高点（L2），风险约为 5%。

4）在价格反弹超过下降趋势线 T，出现中阳线 D 空单可以回补。

5）E、F 点形成小双底结构，在 F 点处的大阳线是空单最后的回补时机。

5. 尖顶融券卖空

（1）形态分析。尖顶就是∧形顶（倒 V 字形）。尖顶的形态，多发生在上升行情的末端。市场看多的情绪使股价快速上涨至高位，当涨至某一临界点后，获利盘和恐慌盘大规模涌出，致使股价高台跳水而快速下跌。这种形态通常是受到了利空消息的影响，或者是主力资金在较短时间内将股价推升至高位，然后利用市场上投资者的盲目乐观情绪进行倒货。由于多空双方角色快速的转换，股价以上升时同样的速度下跌，K 线犹如倒置的"V"形，所以也被称为倒"V"形顶。尖顶形态应验了股市中"怎样涨上去的，便怎样跌下来"。明星股、热门股容易在人声鼎沸中见顶，主力借势大肆派发，形成尖锐型头部，如图 6-26 所示。

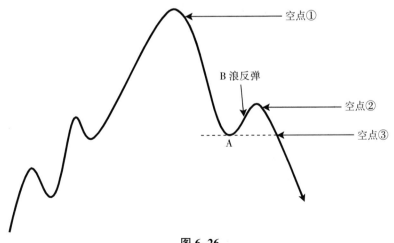

图 6-26

（2）形态研判要点。

1）尖顶形态一般是由主力控盘的投机性个股形成的一种顶部形态。在大盘较为稳定时，若无重大的利空或利好消息，个股股价很少出现暴涨暴跌的走势。

2）在尖顶的转势点，往往会出现关键日反转形态，反转日常见带量的星体K线、大阴线、高位孕线等空头信号，有时伴随岛形反转形态。

3）从价量关系看，尖顶出现前的几个交易日的成交量出现持续的大量甚至是天量，股价在见顶后下跌猛烈，成交量也比较大，成交量越大转折越剧烈。

4）尖顶没有明确的量度跌幅，价格一般会回撤至原涨幅的 1/2 以上，甚至跌回至起涨点附近。

5）股价下跌到一定的幅度后，常出现整理平台或是短暂的反抽，然后再继续下跌。这既是多头的最后的逃命波，也是融券卖空的开仓时机。

（3）融券交易空点解析。

1）尖顶的性质决定了多空转换快，时间短。如果能够从K线形态、量价关系等方面及时判断出尖顶形态，融券交易可以快速获利。可以说，尖顶形态是卖空最为短平快的一种形态。但是，尖顶形态不易辨认和交易。

2）尖顶往往出现大成交量的长腿十字、长阴吞噬、高位孕线等见顶信号，收盘前融券交易者可以果断入场，止损可设置在高点（见图 6-26 空点①处）。

3）如果顶部出现岛形反转的K线特征，则形成尖顶的概率便大大增强，融券卖空的胜率必然高。

4）下跌中出现的整理平台也会出现较好的做空机会，因为以平台整理来对抗下跌，本身说明多方的抵抗软弱无力，当股价放量跌破平台底边（有跳空缺口更佳）也为较好的卖空点，既安全又有效。

5）当股价下跌一定幅度——特别是暴跌后会产生反抽，从浪形上分析，可认作为B浪反弹，可借助K线理论中的止涨反转信号做空；（见图 6-26 空点②处）或是反弹结束后，再次跌破前低点也是很好的卖空点处（见图 6-26 空点③）。

（4）融券交易示例分析。

图 6-27 所示个股经过大幅拉升至高位，出现了一根标示为 A 的涨停大阳线，而后一根棒线却是低开低走，两根棒线组成了高位孕线的K线结构，这是一个见顶的警讯；并且棒线 A 的涨停是收市前才打上去的（分时线见小图），而后两根线快速将涨停跌回，可以确认涨停为主力"骗线"，是假突破。之后棒线 A2

出现向下突破缺口，放量跌破标示的颈线 S 和趋势线 T，形成岛形反转的形态，头部确立，可以进行融券卖空操作。

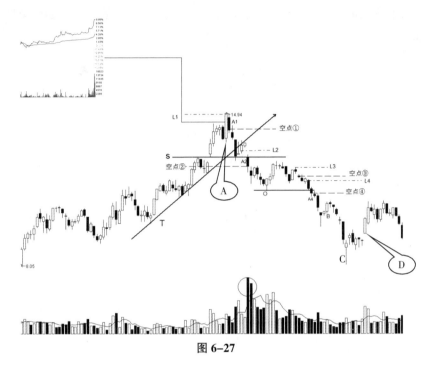

图 6–27

本案有四个做空点：

1）在高位孕线出现后，为第一空点（空点①），这一做空点为领先空点，积极型的投资者可以介入，止损设置在前根涨停线的最高价（标示的 L1 线），风险约为 7.5%。

2）第二空点：中阴线 A2 放巨量向下跳空跌破颈线 S，可在 A2 收盘价附近开空（空点②），这一空点是标准空点，止损设置在颈线 S 上方（L2），风险约为 7.5%。

3）股价跌至阶段性低点 O 后，开始反弹，但反弹整体力度较弱，又一向下跳空缺口是明显的止涨信号。标示空点③处，空单入场，止损设置在上根棒线的最高点（L3），风险约为 4%。

4）当反弹夭折，股价再次跌破前低点 O，是第四空点的开仓良机（空点④），止损设置在上根 K 线的最高点，风险约为 5.5%。

5）棒线 B 处，收阳回补前两日的缺口，可以回补大部分空单，第一空点可以选择止盈，剩余仓位可以按照追踪止损法下移至 O 点价位处。

6) 棒线 C 是一根带量的长下影线 T 形线，是明显的止跌信号，在此回补获利匪浅。

7) 向上跳空的光头大阳线 D 与棒线 C 构成了一个底部结构，是空单回补的最后时机。

6. 顶部岛形

（1）形态分析。股价在持续上升一段时间后，某日出现跳空缺口（竭尽缺口），加速上升，但随后股价在高位明显遇阻，在缺口上方一带横盘整理，短时一两日，长不过几周，不久便以向下跳空缺口（下跌突破性缺口）的方式开始下跌。这两个缺口基本处在同一价格区域，在 K 线图表上看就像是一个远离海岸的孤岛，故称之为"顶部岛形"，如图 6-28 所示。

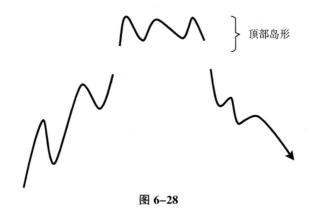

图 6-28

（2）形态研判要点。

1) 岛形的左侧为上升竭尽性缺口，右侧为下跌突破性缺口，这两个缺口的出现，说明市场开始了多空转化，下跌突破性缺口就是空方发动反击的"集结号"，阶段性顶部形成。

2) 岛形反转后的下跌缺口是否被有效回补是顶部岛形形态成立与否的关键。画一条连接两个缺口的水平线即颈线，一旦价格收盘在颈线之上，就视作为缺口被有效回补，那么它就不再是突破性缺口，也就形成不了岛形反转，可能演变成为其他形态。如果仅是影线回补缺口，可以将其忽略，因为影线可以认为是对缺口压力的测试。

3) 整理区间若出现放量甚至巨量的星体棒线，意味着空头力量在集聚，即将发动攻势。

4）顶部岛形形态有多种变形：有的是单日岛型反转，体现了市场情绪的极度变化，形成尖顶顶部形态；有的右侧虽未出现下跌突破性缺口，而是形成一根秃阴线直接下杀，类似于断头铡刀，也意味着空方力量明显变强，即将展开一波深幅下跌走势。

5）顶部岛形若出现在下跌趋势中的反弹波中，下跌信号的可信度更高。

（3）融券交易空点解析。

1）若整理区间出现带量的长影线星体棒线，有放量滞涨的迹象，则是空头的加分项。

2）标准空点可选择在下跌突破性缺口的棒线收盘价，停损位设置在下跌缺口上边沿。

3）顶部岛形是可靠的转势信号，但是无法提供量度跌幅，我们可以把岛形的高度——形态中的最高价与最低价的垂直距离，作为空单第一止盈的目标。

4）顶部岛形成后，如果股价未如期下跌，而是回补了缺口，或是在缺口附近走出一个徘徊区间，空单可以先停损退出，等出现新的做空信号再入场。

（4）融券交易示例分析。

图 6-29 中，标示 B 的区域是一个顶部岛形反转形态，并与前个高点 H1 形

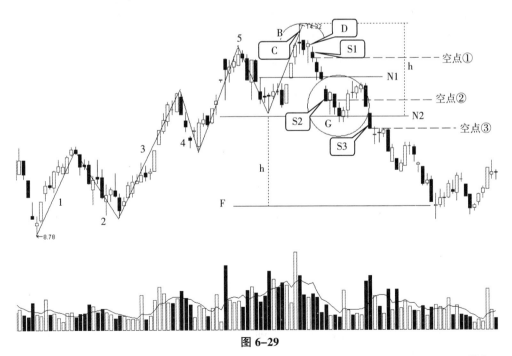

图 6-29

成了双顶的头部结构；从浪形分析，该股走完了一大段的上升5浪，中线见顶的概率非常大。

1）巨量长上影十字星 C 与前一天的天量阳线，价格见新高后冲高回落，是对前方高点压力测试有效，多头主力在减仓。吊颈线 D 与收在其下影线中的棒线 S1 构成了高位孕线的看空组合，激进的投资者可以在 S1 收盘价附近开空（空点①处），这一做空点为领先空点，止损设置在 D 的最高价（L1），风险约为 5.8%。

2）在低开的 S2，完成了顶部岛形形态，在 S2 收盘价附近开空（空点②），止损设置在岛形的颈线（N1 线）风险约为 6%，这一空点是标准空点。

3）第三空点（空点③）：跳空的光头光脚的阴线 S3 跌破了双头形态的颈线（N2 线）与整理区间（G），空头将再次发力，可在 S3 收盘价附近追入空单，止损设置在颈线 N2，风险约为 6% 。

4）股价跌至 F 一线时，下跌幅度基本上接近 h，可以回补空单。

7. 塔形顶形态

塔形顶，顾名思义，股票价格图表的形状像一个塔顶，所以才命名为塔形顶。塔形顶形态一般都是出现在上涨行情的高位区，也是常见的反转形态。

（1）形态分析。股价经过一轮涨升之后，多方力量已现疲态，无力将股价继续向上推升，在高位大阳线的收盘价附近出现小阴线、小阳线整理，暂时形成多空相持的局面；由于股价迟迟未能向上突破，部分多头投资者萌生退意，加入空方阵营，以一根大阴线向下突破，从而开始反转向下，塔形顶形态就此形成，如图 6-30 所示。

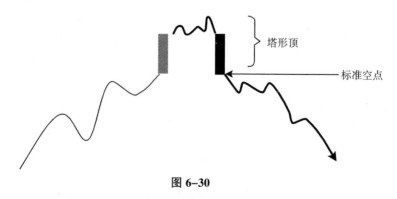

图 6-30

（2）研判要点。

1）塔形顶形态由多根 K 线组成，前面先是一根大阳线或中阳线，后面是一根大阴线或中阴线。

2）中间的小阴线、小阳线总体呈水平震荡走势。

3）一般整理时间不长，少则三五日，多不过十日。

4）大阴线实体大小最好与第一天的大阳线相当，同时其收盘价切入到大阳线实体1/2以下。

（3）融券交易空点解析。

1）若整理区间的小阴线和小阳线，出现带量的星体棒线，有放量滞涨的迹象，则是空头的加分项，见顶意味更深。

2）大阴线以高开低走或向下跳空缺口的形式出现，也是空头的加分项。

3）大阴线可以变异为一根流星线，也完全支持原形态的空头含义。

4）标准空点可选择在大阴线的收盘价附近，停损位设置在塔形形态的最高价或是该大阴线的最高价。

5）塔形顶形态只是转势信号，无法提供量度跌幅，但一般认为跌幅至少是塔形顶的高度——形态中的最高价与最低价的垂直距离。

6）塔形顶形成后，如果股价继续上涨，并向上突破了该形态的最高点，则说明这是一个失败的塔形顶，空单须停损出局。

（4）融券交易示例分析。

图6-31中标示C的区域是一个塔形顶形态。

1）长腿十字星体线A1，带有巨量，是对前面两个头部压力的确认，已经孕育了见顶的味道。在A1收盘价附近，为第一空点（空点①），这一做空点为领先空点，积极型的投资者可以介入，止损设置在A1的最高价（L1），风险约为5.8%。

2）光头光脚的大阴线A2，走出了塔形顶形态，第二空点（空点②）可选择在A2收盘价附近，止损设置在A2的最高价（L1），风险约为6%，这一空点是标准空点。

3）第三空点（空点③）：光头光脚的大阴线A3跌破了支撑线（S线）与整理区间（标示C），空头力度加大，可在A3收盘价附近追空操作；若在A1与A2开仓后在区间C减仓的，也可在此空点加仓，止损统一设置在支撑线S。

4）股价在B区域构筑了底部结构，而且整体跌幅巨大，未回补的空单可以择机清仓。

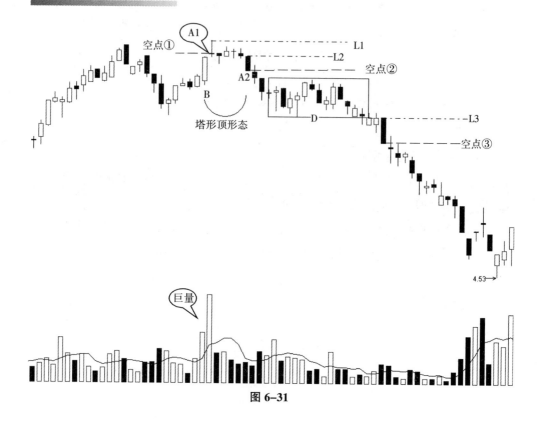

图 6-31

二、利用下跌中继形态融券卖空

中续形态也称为整理形态，是当前价格运动的趋势暂时性停止，在一定区域内震荡整理，一段时间之后再恢复原有的运动趋势。下跌中续形态则意味着下跌整理结束后，股价还将继续下跌，是融券卖空交易重点关注的一类价格形态。

（一）下跌中续形态的特征

（1）形态出现之前是阶段性顶部形成之后的一段下跌趋势，下跌中续形态实际是一个反弹浪，其 K 线呈现出中继形态的特征。反弹结束后即下跌中继形态完成，价格任沿着原有的下跌方向运行。

（2）一般而言，反转形态需要较长的形成时间，而中续形态则较短。若下跌中继形态延续时间过长，一是量变可能产生质变，演变为反转的概率增大；其次是形态研判困难，开空点不好选择。

（3）三角形、旗形、楔形和矩形都有上下两条边，上边形成阻力线，下边形成支撑线，有效突破下边即宣告形态的完成。向下突破时，既可以有较大成交量增量，也可以没有成交量增量，如有大成交量的配合，向下突破就更为有力，有效性也大。

（4）三角形和矩形通常是属于整理形态，有时也会演变为反转形态。

（二）识别下跌中续形态融券卖空

如果能够识别下跌中续，融券卖空更为安全有效。因为趋势的逆转是非常难的，所以研判顶部反转比下跌中继要困难得多，而且顶部震荡较大，实战中标准的顶部反转形态出现得比较少，多是复杂形态，而且顶部震荡较大，融券卖空的止损位易被扫损。而下跌中继体现了顺势而为的理念，契合了技术分析的核心——价格沿趋势运动。所以把握好下跌中继形态的卖空时机是我们做好融券交易极为重要的一个方面。

对融券交易而言，常见的、容易识别与操作的下跌中续形态有三角形、旗形、楔形与矩形。此外，如喇叭形、菱形等也是中继形态，但比较少见且做空点不易把握，在此不做探讨。我们只做容易识别、容易操作的形态即可。

三角形、旗形、楔形这三类形态有一个共同的特征都是有上下两边线，上边线形成阻力，下边线形成支撑。识别下跌中续形态的重点是三角形，其他形态如楔形和旗形实际上可看作是三角形的变体；两边线相交于一点为三角形，两边呈收敛状而不相交即为楔形，两边线基本平行即为旗形。

1. 三角形形态融券卖空

（1）形态分析。股价在急速上涨或者下跌之后产生回撤或反弹，波动的幅度逐步减小，之后将选择新的运行方向。在技术形态上，股价上方的压力线和下方的支撑线呈收敛状运行，画出图形就是三角形。上方压力线呈水平状运行，下方支撑线向上倾斜，称为上升三角形（如图 6-32 所示）；上方压力线向下倾斜，下方支撑线呈水平状运行，称为下降三角形（如图 6-33 所示）；上方压力线向下倾斜，下方支撑线向上倾斜，称为对称三角形，也称为收敛三角形（见图 6-34）。

收敛三角形是因为多空双方的力量在该价格区域内势均力敌，变动幅度逐渐缩小，暂时达到平衡状态，直到变盘均衡被打破，继续沿着先前的趋势运动。对称三角形成交量，因越来越小幅度的股价变动而递减，然后当股价突然跳出三角形时，成交量随之变大。

上升三角形比起对称三角形来，有更强烈的上升意味；股价压力位几乎没有变化，而低点在逐步抬高，从中可以看出多方在积极进攻而空方只在被动防守。

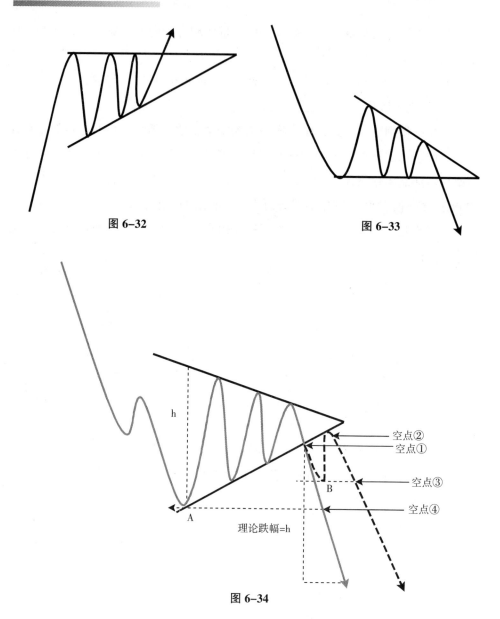

图 6-32

图 6-33

图 6-34

如果股价原有趋势向上，出现上升三角形后，向上突破的概率极大。因为一方面原有上升趋势的力量，另一方面形态本身就蕴含着积极向上的愿望。这两个因素叠加使股价很难逆大方向而动。因此，上升三角形多出现在上升趋势中。

下降三角形与上升三角形相反，支撑位基本是水平的，而每一次波动的高点越来越低，从多空力量对决中可以看出，空方力量在不断地增强沽售压力，价格还没回升到上一波高点便再卖出，而多方只是依托支撑位被动防守。如果股价原有趋势向下，出现下降三角形后，向下突破的概率极大。因为一方面要保持原有的下跌趋势，另一方面形态本身就有更强烈的下降意味，由于卖方显得较为积极，抛出意愿强烈，不断将价格压低，造成了压力颈线从左向右下方倾斜；一旦多方防守线（支撑线）被有效击穿，则股价会快速向下运动。因此，下降三角形形态多出现在下降趋势中的抵抗整理。

对于融券交易，我们重点关注下降三角形与收敛三角形。

（2）研判要点。

1）三角形要求至少应有四个转折点，即两个短期高点和短期低点，股价向上遇到压力线掉头向下，遇到水平支撑线转身向上。

2）一般情况下，下降三角形与收敛三角形形成的时间长、构成的规模大，向下突破后的理论下跌空间也越大。但是，这一时间不能太长也不能太短，太长可能变异为其他形态，甚至有可能发生反转；而太短则波段不清晰，失去参考价值。

3）股价波动幅度呈收敛状，成交量也随之逐渐递减。量能的变化也反映了多头逐步退潮。

4）三角形突破的位置一般在三角形横向宽度的 1/2 到 3/4 处，若太接近三角形的末端才出现突破，突破往往会失效或是突破的力度会大打折扣，那么三角形的形态参考价值就会降低。

5）三角形的突破理论量幅度是三角形最宽部分的竖线高度。股价向上突破后的最小价格目标是从突破点算起向上投射出与三角形最宽处相等的距离。

6）三角形向下突破后，有时候出现短暂的反抽，反抽常常受阻于三角形下边线——原有的下边线成为阻力线。

7）下降三角形也可以看成下跌趋势中的平台弱势整理，只不过这一平台有个鲜明的特征是波动高点在逐步降低。下降三角形形态非常有利于空头，当股价向下突破后，股价经常会出现一轮快速下跌的行情，这时融券卖空效果明显。

8）下降三角形和收敛三角形也会演变成为反转形态。一般出现这种情况，主要是形态的时间跨度太长，导致量变到质变，多空易位。形成这种情况一般会出现股价向上突破阻力线并伴有大额成交量的现象，这时应停止融券交易。

（3）融券交易空点解析。

1）待股价突破三角形的下边线（支撑线）则可以考虑融券卖空。

2）无量反抽下边线——这时成为阻力线，也是一个较好的卖空点。

3）反抽夭折后股价再次向下跌破前低点，也是一个有价值的卖空点。

（4）融券交易示例分析。

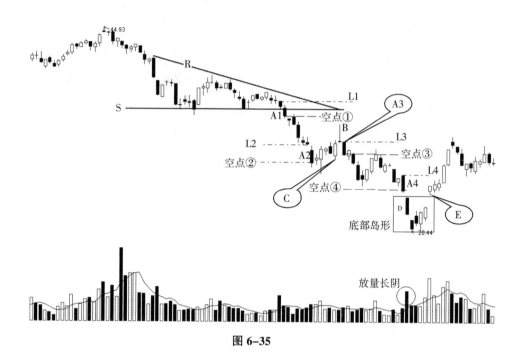

图 6-35

图 6-35 所示个股在下跌过程中，一个整理区间形成一个平放的直角三角形。直到棒线 A1 向下跌破整理形态的下边线 S，预示着股价将进入下跌行情，融券卖空可积极操作。

1）中阴线 A1 跌破支撑线 S，预示着上升三角形整理结束，可在收盘价附近开空（空点①），止损设置在上一根阴线 B 的最高价（L1），风险约为 7.5%，这一空点是标准空点。之所以要将止损设置在棒线 B 的最高价，是因为棒线 B 是一根光头的且带量下跌的阴线，是空头进攻 K 线。

2）第二空点（空点③）：棒线 A2 跳空低开，收中阴线，可加仓空单，止损设置在 A2 的最高价（L2），风险约为 7%；但随后股价并未如期下跌，反而反弹向上，先止损出局，继续跟踪，寻找合适的时机再入场。

3) 棒线 B 收出了冲高回落的"避雷针"，显示了空头的反扑力度较大，随后的中阴线 A3 确认了反弹夭折；这时，棒线 C、B、A3 组成了塔形顶的看空形态，可在 A3 收盘价附近将止损的空单补回（空点 A3），止损设置在 A3 的最高价（L3），风险约为 5.6%。

4) 第四空点（空点④）：棒线 A2"大阴吞噬"，将前一根无量小阳线完全覆盖，是较明显的下跌中继 K 线，可在其收盘价附近追入空单，止损设置在其最高价（L4），风险约为 6%。

5) 棒线 D 跳空低开低走，放大量，几乎跌停，股价整体跌幅巨大，有空头集中释放的可能，可将追踪止损设置在 D 的 1/2 处。有剩余仓位的，在棒线 E 必须出局，因为棒线 D 与棒线 E 之间（方框区域）有形成底部岛形的可能，可全部清仓。

2. 楔形形态融券卖空

（1）形态分析。楔形又称倾斜三角形，是三角形的一种变体，其上边沿连线与下边沿连线基本同向并收敛于一点。楔形成交量变化和三角形一样向顶端递减，与三角形不同之处在于两条边线同时上倾或下倾。楔形形态可分为上升楔形和下降楔形，其倾斜的方向和市场主要趋势相反，即下降楔形代表走势看涨，而上升楔形代表走势看跌，如图 6-36 所示。

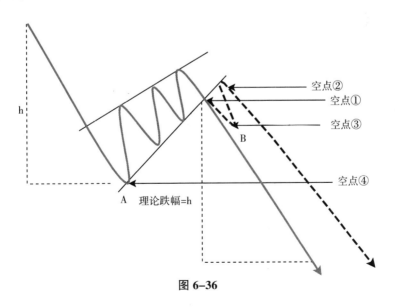

图 6-36

融券交易要关注下跌趋势中的上升楔形形态。在上升楔形中，高点逐步上移，低点也逐步上移，看上去是多头占据上风，但实际上每一个新的上升浪都比前一波段差，显示了买方力量在逐渐减弱，最后当多头上攻乏力时，股价便反转回跌。在整个上升楔形的形成过程中，成交量不断减少，整体呈现价升量减的反弹特征。上升楔形是一个下跌中继形态，只是股价下跌后的一次技术性反弹而已，在向下突破确立后，可采取空头策略。

（2）研判要点。

1）上升楔形形态一般都是下跌中继形态。该形态出现在股价下跌的途中，而它的整理方向却是向上的；因此，这种形态具有一定的欺骗性。我们可以从浪形上分析，将其作为 B 浪反弹，就容易理解了。

2）楔形内部结构一般认为有 5 子浪。可是每一个新的上涨子浪波动都比前一个弱，最后当多头力竭时，价格便反转回跌。

3）上升楔形的上下边线必须明显地向上收敛，股价在支撑线与阻力线之间震荡并逐步缩小；如果空间过于宽松，则形成楔形整理的概率就会大大降低，可能演变成其他整理形态。

4）上升楔形在形成过程中，成交量的表现有三种状态：一是形态前端成交量最大，之后逐渐减少，反映出追高意愿不强，量价背离是再次下跌的征兆；二是成交量呈不规则状态，并未出现温和放大迹象；三是升至楔形顶端时快速放量后又快速缩量，有诱多嫌疑。

5）上升楔形有效突破是以股票的收盘价跌破形态下边的支撑线为准。这条支撑线实质上是一条反弹波的趋势线，有效跌破意味着反弹结束。大多数情况下，楔形的突破一般发生在形态横向长度的 2/3~3/4 处，也有直到楔形末端才发生突破的情况。

6）上升楔形整理形态参照均线理论一起研判，可以提高行情研判的准确性。如果上升楔形整理形态是出现在股价从高位下跌至重要均线（如 60 日或 120 日均线）上方附近时，当股价既跌破了形态支撑线又跌破了重要均线，那么股价有效突破就明显。如果上升楔形整理形态是出现在重要均线的下方时，形态的有效突破就只是以股价跌破支撑线为标志。

7）上升楔形向下突破后的理论幅度为：一般会跌至反弹前的低点。

8）大多数情况下，上升楔形形态是出现在股价下降途中的中继整理形态，但少数情况下，楔形也会演变成为底部反转形态。这主要看三个方面：一是位置：如果上升楔形形成前的股价下跌幅度很大（跌幅超过80%），现价已处于低位。二是成交量：股价运行趋势发展成为一条上升通道，形态下边线表现出较强的支撑力度，成交量也呈现逐步放大迹象，且向上突破时放出巨量。三是外部环境的影响：可能是大盘出现强势上涨，也可能是所在板块受到资金的关注，也可能是个股有突发性利好消息等。有这三种情况出现，我们就不能一味看空。

（3）融券交易空点解析。

1）标准做空位：收盘价向下突破上升楔形的下边线（支撑线）。

2）无量反抽下边线——这时成为阻力线，造成价格反压，也是一个较好的卖空点。

3）抽夭折后股价再次向下跌破前低点，也是一个有价值的卖空点。

（4）融券交易示例分析。

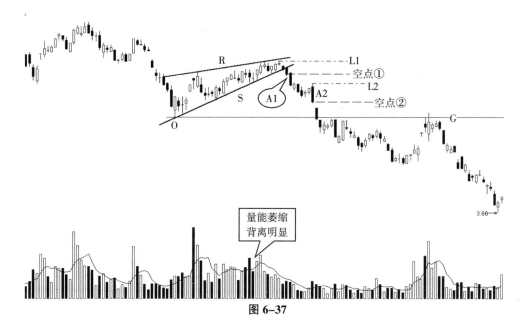

图 6-37

图6-37所示个股经过一段时间的下跌后出现了反弹走势，且在反弹过程中，压力线R与支撑线S之间，形成一个上升楔形整理形态。我们观察到在整个反弹过程，成交量未现温和放大迹象，反而在形态尖端开始缩量，这种价升量减的量价背离现象说明股价的升势难以持久。当股价跌破支撑线S，预示着整理形态结

束，股价将继续沿着原来的下跌走势运行，这时可以择机进行融券卖空操作。

1）中阴线 A1 与上一根光头跳空阴线，A1 跌破支撑线 S，预示着上升楔形整理结束，可在收盘价附近开空（空点①），止损设置在缺口上沿（L1），风险约为 8%，这一空点是标准空点。

2）第二空点（空点②）：棒线 A2 "大阴吞噬"，是较明显的下跌中继 K 线，可在其收盘价附近追入空单，止损设置在其最高价（L2），风险约为 8.3%。

3）股价跌至前低点即上升楔形的启动点 O，第一跌幅满足，可以回补部分空单，剩余仓位追踪止盈位设置在 A2 下的缺口上沿，即 A2 最低点。

3. 旗形形态融券卖空

（1）形态分析。旗形是比较常见的一种中继形态。这种形态通常在急速而又大幅波动的市场中出现，股价经过一连串紧密的短期波动后，形成一个稍微与原来趋势呈相反方向倾斜的平行四边形，就像一面挂在旗杆顶上的旗帜，被称为旗形形态。旗形走势又可分作上升旗形和下降旗形。旗形大多发生在市场极度活跃的时期，此时股价的运动是剧烈的、近于直线上升或下降方式的情况下。这种剧烈运动的结果就是产生旗形的条件。

上升旗形的旗面是稍微向下倾斜的，一般出现在上升趋势的回撤阶段，形态以放量上升突破确立。而下降旗形则刚刚相反，像一个倒过来的旗杆上的旗帜，旗面是稍微向上倾的，一般出现在下跌趋势的反弹阶段（如图 6-38 所示）。反弹

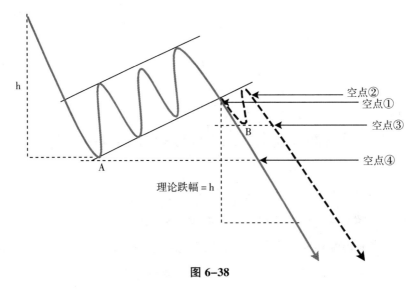

图 6-38

终结后，股价继续延续之前的跌势。成交量在旗形形成过程中，是显著地渐次递减的。

下降旗形是常见的下跌中继整理形态，是融券交易要关注的。

（2）研判要点。

1）反弹高点逐渐上移，高点的连线构成下降旗形的上边线，回落低点也逐渐上移，低点的连线构成旗形的下边线，上边线代表着阻力，下边线代表着支撑，两线基本平行且向右上方倾斜。

2）在旗面区域内，高低点不断上升，看似多头占优，但成交量却无法随之放大，而形成量价背离时，预示着反弹随时都可能夭折。向下跌破往下跌破时，成交量往往会大增。

3）原先下跌段的幅度称为旗杆。下降旗形确认向下跌破后，预测最小跌幅等于旗杆的垂直高度。旗形被突破后，股价将至少要走到形态高度的距离。

4）下降旗形也有可能演变成为反转上涨形态，要重点分析三个方面：一是位置：如果下降旗形形成前的股价下跌幅度很大（跌幅超过 80%），现价已处于低位；二是成交量：成交量的变化在旗形走势中十分重要，如果成交量并非逐步减少，仍是维持不规则的高成交量，则有运行成为上升通道的发展趋势；三是时间，旗形整理的时间一般都比较短，如果时间过长，就可能变异成为其他形态甚至形成底部反转。

（3）融券交易空点解析。

1）待股价向下突破下降旗形的下边线（支撑），则可以融券卖空。

2）价格向下突破后，无量反抽下边线——这时成为阻力线，遇阻回落，也是一个较好的卖空点。

3）反抽夭折后股价再次向下跌破前低点，也是一个有价值的卖空点。

（4）融券交易示例分析。

图 6-39 所示个股在大幅上涨之后，在高位放量滞涨，构筑了一个双头结构之后，连续大阴下杀后止跌走了一波反弹；向上跳空中阳线 B 创出反弹的新高，量价齐升，有向上加速上涨的味道，但是随即便遭到空方的快速反扑，中阴线 A1 直接跌破支撑线 S，预示着股价可能破位下行。我们观察这波反弹，量能未见同步放大迹象，有形成下降旗形整理形态的可能，加之诱多假突破见阶段性顶部，可积极进行融券卖空操作。

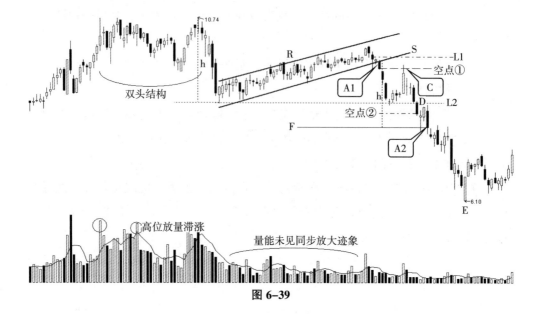

图 6-39

1）标准空点：在中阴线 A1 收盘价附近开空（空点①），止损设置在 A1 的最高价（L1），风险约为 4.5%。

2）第二空点（空点②）：中阴线 A2 跌破前低点，可加仓空单，止损设置在 A2 的最高价（L2），风险约为 7%；图标中的长阳线 C 有一定的迷惑性，从分时走势上看，股价基本上全天都在低位横盘，临近收盘才突袭拉升，属于典型的"骗线"——之后的两根孕线十字星与中阴线 D 证实了这一点，激进的投资者可在阴线 D 开空。

3）股价跌至 F 一线时，满足了幅度 h，可以回补空单。棒线 E 是一根低开高收的长阳，有短线见底的意味，剩余空单可以全出。

4.矩形形态融券卖空

（1）形态分析。矩形又叫箱形，是股票价格在两条水平直线之间上下波动，作横向延伸运动的一种价格形态。当股价上升到某水平时遇到阻力，无法上升调头回落，但回落到某一低点又获支撑而上升，当回升到上次同一价位附近时又一次受阻，而回落到上次低点时则再次得到支撑；这样反复多次后，将这些短期高点和低点分别以直线相连——亦是整理阶段的阻力线和支撑线，便形成一条基本平行发展的通道；称之为矩形，它可分为上升矩形和下降矩形。矩形形态是一种典型的整理形态，整理结束后通常延续原来的趋势。矩形形态按照突破方向的不同可分为向下跌破矩形和向上突破矩形两种。

向下跌破矩形通常出现在下跌的途中，是股价在下跌到一定阶段后，出现横盘整理，在箱体内振荡波动；持续一段时间后，股价跌破平台支撑，继续原有的下跌走势。向下跌破矩形实际上是主力机构为出货而构筑的平台整理（图6-40）。

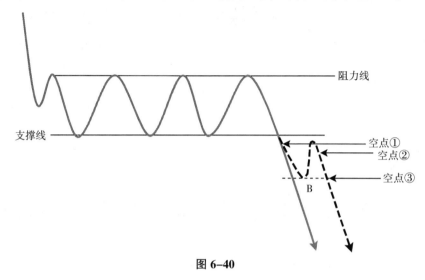

图 6-40

（2）研判要点。

1）向下跌破矩形的上下两条水平线分别为阻力线和支撑线。但如果K线只是窄幅波动，波段不清晰，不以矩形看待，只看作弱势横盘。

2）在矩形形成的过程中，其成交量大多会随着形态的发展而逐渐减少，向下突破支撑是一般有成交量的放大。

3）下跌矩形形态形成时间越长，后市的跌幅空间就越大；跌破后的最小理论跌幅为矩形的垂直高度。

4）矩形往下突破后，股价常会出现反抽，反抽回升应受阻于下边线（此时成阻力线）。

5）下跌矩形是整理形态，也有可能发生底部反转。

（3）融券交易空点解析。

1）待股价向下突破下降矩形的下边线支撑时，则可以融券卖空。

2）价格向下突破后，若无量反抽下边线——这时成为阻力线，遇阻回落，也是一个较好的卖空点。

（4）融券交易示例分析。

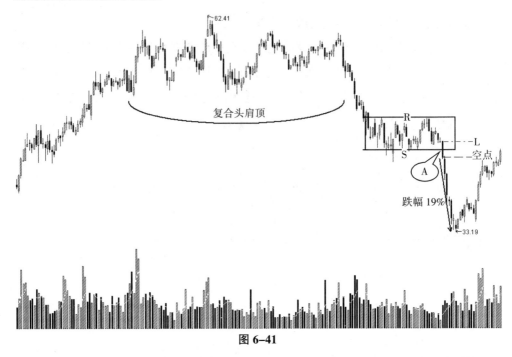

图 6–41

图 6-41 所示个股在大幅上涨之后，在高位出现量价背离的现象，构筑了一个复合头肩顶结构，股价在一波下跌之后，在压力线 R 与支撑线 S 之间，形成一个矩形整理形态。光头中阴线 A 放量跌破矩形支撑线 S，预示着股价可能破位下行，可积极进行融券卖空操作。

标准空点：在中阴线 A1 收盘价附近开空（标示空点），止损设置支撑线 S 上方，大约在 A 的最高价附加（标示的 L 线），风险约为 4.5%。短短几个交易日跌幅即接近 20%。

三、顶部形态演变为中继形态的卖空时机

形态间的演变是很常见的现象，分析的重点还是要着眼于"趋势"，反转形态演变为中继形态易，而中继形态演变为反转形态难，这是由"趋势"的惯性特征决定的。

有些顶部形态也常常出现在下跌趋势的整理区域，转变成为中继形态，特别是圆形顶——出现在大顶部较为少见，而是多见于下跌反弹波中。顶部形态出现在下跌趋势中的阶段性顶部，这里存在极好的做空机会。因为顶部形态本身预示着下跌，又出现在下跌趋势中，叠加效应使价格大概率要继续延续之前的下跌趋

势，那么融券开空便顺理成章。

详见下图几个示例：

图 6-42 是下跌中的头肩顶形态；图 6-43 是下跌中的双头形态；图 6-44 是
下跌中的圆弧顶形态；图 6-45 是下跌中的岛形反转形态；图 6-46 是下跌中的塔

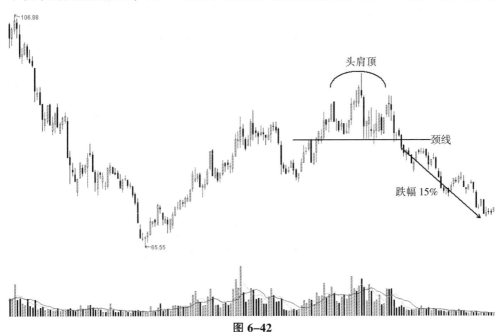

图 6-42

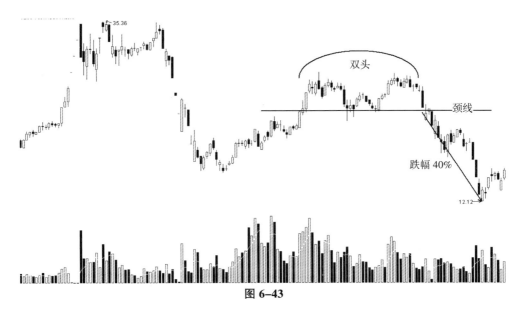

图 6-43

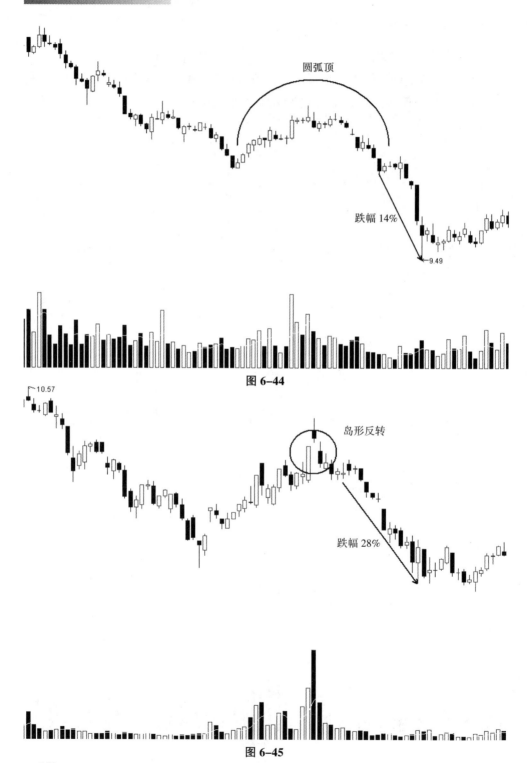

图 6-44

图 6-45

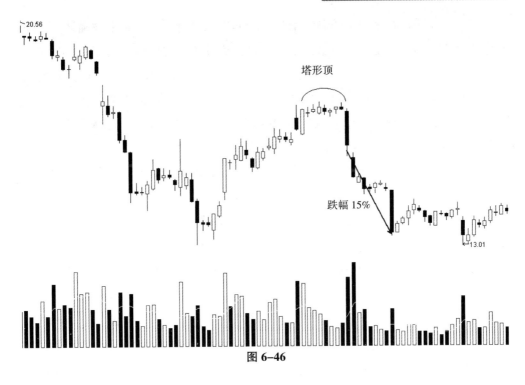

图 6-46

形顶形态。

实际上，我们可以把整个形态看作为一个反弹浪，反弹结束后将延续之前的下跌趋势。

四、应用形态融券卖空的操作总结

（1）一切形态来自趋势以及趋势的内变。我们可以对顶部反转形态进行分解，任何顶部反转形态（尖顶例外）。其实都是在左斜上行的趋势线与水平横行的支撑线（颈线）上的价格表现方式。上行的趋势线意味着价格之前是一段上升趋势，股价跌破上升趋势线后开始侧向运动；在这两条线上，价格开始构筑头肩顶、双顶、圆弧顶、矩形等形态；至于是否只是价格的暂时性休整（后市创出新高），还是演变为反转形态，关键是看价格能否有效跌破趋势线，并在跌破后形成带有反转意义的持续性新低。这里符合道氏理论的本质——关注主要趋势以及趋势线。所以，我们研究形态的重点是要关注多空双方的市场行为及其心理变化，做到眼中有形态，心中有趋势；趋势决定形态，形态验证趋势；一切形态都来自趋势的变化，关注趋势胜过于形态本身。

（2）融券开仓看重的是明确的信号，而非形态本身。当形态未被确认之前不要急于开空。为了验证趋势及形态的有效性，必须等待趋势线（支撑线）出现明确的突破信号之后，才能有所行动。特别是在有些阶段性高位，多空分歧较大，往往走势非常复杂，即使是最可靠的头肩顶形态，也有可能演变成为类似复合头肩形的矩形整理，而后继续看涨。所以，必须要各类突破信号（如K线、均线、趋势线、量价、市场人气等）能够相互验证而趋于一致，此时融券开仓的交易风险才小；反之，当各种迹象不同步时，甚至相互背离，最好观望。切记，宁可错过不能做错，没有交易信号绝不出手，出手则必须一击必中。

（3）在技术分析的假设里，历史会重演，但历史并非只是简单地重演，就像世界上没有两片完全相同的树叶一样。在实际操作中，我们所熟知的经典形态较少出现，一般多见复杂的复合形态。这时，我们要重点分析股价的运行结构，体会多空力量的消长变化，只要大框架上符合或相似就可基本判定其形态，没必要太拘泥于细节方面，因为形态分析仅是经验总结，是基于历史会重复、人性亘古不变的假设基础之上的总结，而且这种总结还带有一定的主观性。"虽万象之纷纭，须一理而融贯"，切不可陷入机械照搬。当然，对融券交易而言更要谨慎分析，多角度研判，实在看不明白先放弃，市场机会多的是。

（4）融券卖空时，操作下跌中继形态比顶部形态更为安全稳妥。因为"趋势"的惯性力量是非常强大的，想要反转绝非易事。根据统计，只有1/4是反转形态，其余大多数的3/4是整理形态。顶部区域多空的争夺是非常剧烈的，股价波动幅度比较大，空单的止损容易被打掉，而且非常标准的顶部形态也是不多见的，融券操作上有一定的难度；而中继下跌形态本身是下跌中的暂时性休整，想要演变为底部反转形态绝非易事；此时融券交易是顺势而为，无疑做空胜率比顶部要高。

（5）基于趋势研判难易度高低，可以将各类形态做个融券交易关注度排序：首先重点关注的是下跌中的下降三角形与下跌矩形，因这两类形态显示出下跌趋势中多头只是弱势抵抗，也许一根中阴线便将多头防线撕得粉碎，乘势做空可以快速获利。其次是下跌中继形态中的收敛三角形、上升楔形、下降旗形。最后才是顶部反转形态中的头肩顶、双顶、多重顶、圆弧顶和尖顶，其中尖顶形态不易把握和操作，但是抓住时机，果断出击，融券获利极快。

（6）关于突破的确认：一般而言，突破的"双三"原则是收盘价、3天和

3%，但是对于下跌中继形态中的向下突破，我们的条件可以宽松一些，只要收盘价跌破支撑位的 3% 即可。因为下跌中续形态本身意味着股价走势大概率是将延续前期的下跌趋势；如果还要考察 3 天则有可能错过一个好的做空点。而顶部反转形态最好要满足突破"双三"原则，因为研判趋势的逆转需要多角度分析，慎之又慎；很多时候股价在支撑线附近会做一些徘徊，走得很纠结，而"双三"原则可以让我们过滤一些假信号，增加融券做空的安全度。

（7）反抽结束是个很好的开空点。反抽是对原来的头部区域和破位的位置加以确认，一般时间比较短。常见的反抽模式有反抽颈线、反抽上升趋势线、反抽整理平台下边线。如果成交量在跌破支撑线时激增，显示市场的抛售力量十分庞大，股价可能会加速下跌；若成交量不大，出现反抽的可能性会较大。主力常常利用反抽诱多，吸引买盘、趁机出货，对于融券而言，反抽终结有很好的做空机会。

（8）历史会重演是技术分析的三大要旨之一，价格图形犹如围棋的定式，在不断地重现，具有很强的规律性和实战意义。融券投资者必须熟悉各种价格形态形成的过程和原因，正确地判别各种形态，掌握其在融券卖空的操作方法，特别是卖空点位的选择，以及止损位、盈利目标的设置，这是卖空的基础性工作。

第五节　融券卖空交易的其他工具

一、K 线卖空

K 线又称蜡烛线、阴阳线、棒线等，是股票技术分析最重要和最常用的分析工具。K 线图有着简单、直观、形象和携带信息量大的特点，蕴含着丰富的东方哲学思想，是目前应用最广泛的、拥趸最多的技术分析流派，深受众多投资者的推崇。K 线分析主要是研究 K 线形态及其形态组合的市场含义，分析多空双方力量平衡的变化，借以推测股价未来的运行趋势。

K 线分析的重点是 K 线的阴阳、实体大小、影线长短、所处的位置、成交量五个方面。K 线的阴阳记录着股价的涨跌，显示了多头与空头哪方胜出；K 线实体大小显示了买卖力道，代表着多方或空方取得的胜果，大阴或大阳K线需要关注；K线的影线显示了股价的振幅大小，是多空争夺的轨迹，影线较长的K线需关注；K线位置也是我们应重视的，同一根K线在波峰与波谷将有截然不同的意义，例如，高位的跳空长阴可能是股价大幅下跌的征兆，而低位长阴则有可能是空头集中释放，距离底部也许不远了。成交量是主力买卖力量的重要反映，其中的大量、爆量、甚至是巨量一般具有反转意义，是我们关注的重点；此外，要研究量与价的配合表现，如高位出现的巨量十字星，巨量长阴是空方的进攻K线，下跌过程中的无量长阳是融券开空的机会。

解读K线，我们不仅要关注单独的一根K线，还要多关注K线组合。K线组合为多空双方买卖力道的堆积，由双K、三K及多K线（一般不超过5根）构成——较多根K线的组合就意味着在走势中形成了一定的形态。例如，在价格高位形成了头肩顶、双重顶、三重顶、尖顶等反转形态。组合K线符合"一生二、二生三、三生万物"的东方哲学思想。所以，组合K线爆发的能量比单一K线更强大，方向的预测性更高。我们通过解读标志性K线及其组合，体会K线涨跌的语言，去体会主力意图，预测未来股价是向上还是向下，或是横盘整理，是反转还是延续，是快速还是缓慢运动。

分析K线组合还要看K线之间的位置关系。这种位置关系体现在相邻两根K线之间的高位位置、实体大小、影线的长短。因为单纯的一根K线有时候是主力的"假动作"，其后的一两根K线可以起着研判的作用，证实信号的真伪。例如，高位出现巨量十字星的标志性K线，若其后一两根K线的位置比这根K线的位置低，上影线也长，则见顶的迹象就很明显。

研究K线的核心在于"异动K线"——异动K线就是蕴含着多空重要信号的K线。我们分析K线的重点是识别两类"异动K线"——攻击K线与反转K线。攻击K线实质上是一种拓展K线，意味着行情沿着之前的趋势进行新一轮的运动，而且速度可能加快，空间可能扩大。多头攻击K线出现我们就顺势买入，空头攻击K线就顺势做空，这里体现了顺势而为的理念。反转K线意味着原来趋势的发生转折，反转K线出现后我们选择平多开空或是平空开多。异动K线的分析包含有空间位置的分析，成交量的分析，K线走势的分析，技术分析中的"量、价、时、空"等要素都很好地得以体现。其中，关键位置上出现的异动K线更是我们关注的重点。所谓关键位置就是对行情后势涨跌具有重要意义的价格区域，一般是指重要均线位、颈线位、支撑位、压力位、绝对高位、相对高位、绝对低位与相对低位等。融券交易需要关注的是在这些重要位置出现的具有多空转折意味的 K 线及其组合。若股价在某一重要位置（如颈线、强压力线、反弹区域）遇到强大阻力，收出显著性看空 K 线或 K 线组合，如出现长腿十字、长上影线 K 线、吊颈线、高开长阴、大阴包阳、黄昏之星、断头闸刀、跳空缺口等 K 线，是开空信号。

进行融券卖空的操作时，攻击 K 线与反转 K 线及其组合是一大有力工具。在顶部或阶段性顶部出现反转 K 线，我们可以择机融券卖空；在空头趋势中出现空头攻击 K 线，我们可以顺势开空或加仓空单。

遵循这一思路，我们来总结分析见顶 K 线信号（反转 K 线）与下跌中继 K 线信号（攻击 K 线）在融券交易中的应用。

（一）常见的见顶 K 线信号

1. 星线见顶

在 K 线理论中，十字星在技术上代表多空分歧严重，价格后期走势不能确定，而如果在股价大幅持续上升的高位出现十字星，属于一种变盘线，往往预示着价格高位冲高受阻，是多空转折的前兆，股价即将见顶，如图 6-47 所示。

小十字星	大十字星	长下影十字星	长上影十字星	吊颈线	射击之星
a. 十	b. 十	c. 十	d. 十	e. 丅	f. 丄

图 6-47

十字星分为以下几种：小十字星、大十字星、长下影十字星、长上影十字星、T 形光头十字星（吊颈线）、倒 T 形光脚十字星（射击之星）（见图 6-47）。十字星有阴阳之分，但在操作中差别不太大。十字星的影线越长，其技术意义越强烈。

仅凭一个十字星 K 线尚不足以确定是否是转势信号，需要其他看跌信号对它加以验证。常见的验证信号有：成交量是否异常放大、技术指标高位背离、出现向下跳空缺口等。验证信号越充分见顶意味就越强烈。

实战操作中，如果验证信号充分，融券交易者在设置好止损的前提下，可以实施卖空操作。

图 6-48 中，该股急剧拉升后出现了一个高位大十字星线，而且成交放出阶段性巨量，初步判断有出货嫌疑，下一交易日的低开低收的阴线佐证了这一判断，并且隔天又收出一个射击之星，成交量并没有急剧萎缩，短期顶部的判断基本成立，很短时间的跌幅即达到 15%。

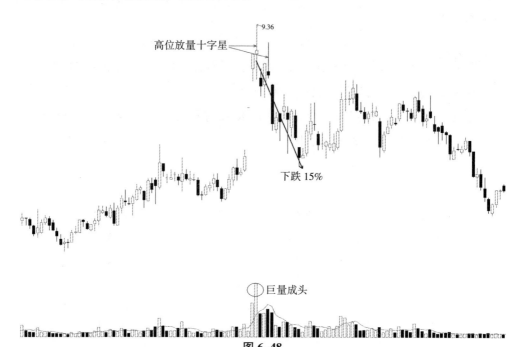

图 6-48

2. 巨量乌云线

乌云线也称覆盖线，它是由一根大阳线或者中阳线与一根阴线组成，是多空双方力量快速转变的信号。第二日的 K 线为高开低走的大阴线或中阴线，阴线收盘明显地向下嵌入到阳线实体的 1/2 以下，形成乌云盖顶之势。如果成交量相对放大，则构成顶部反转意味越强烈，如图 6-49 所示。

图 6-49 所示个股涨升至高位后，出现放量滞涨的现象（图 6-49 中圆形区域），突然出现一根骗线的涨停大阳给外界一个调整结束，新一轮涨升即将开始的假象，但其后的一根高开低走的带量大阴线暴露了主力机构要"跑路"的意图。这根带量大阴线就是典型的巨量乌云线，其后股价跌幅高达 31%。

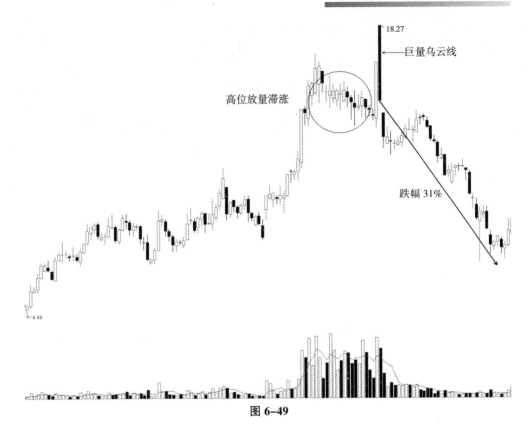

图 6-49

3. 三乌鸦

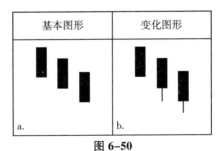

图 6-50

　　三只乌鸦一般出现在上涨趋势的末期。这种形态由三根中阴线组成，后两根 K 线都是高开低走，开盘价都切入上一根阴线内，上下影线越短越好。三只乌鸦出现在高位，说明上档抛压沉重，多方每次跳空高开，都被空方凶狠地打压下去，是股价见顶的警讯。这种图形如果出现在高位，表明大势可能要反转或股价要下跌，如图 6-51 所示。

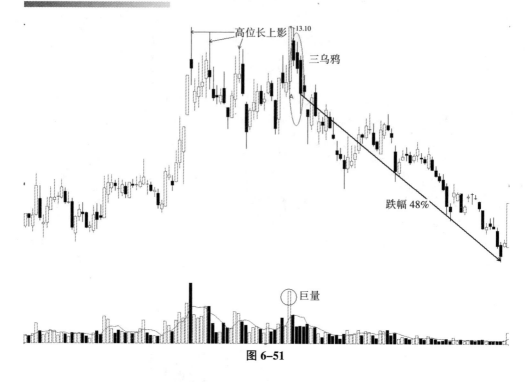

图 6-51

图 6-51 中个股高位出现多根长上影线，在巨量涨停（阳线 A）假突破诱多之后出现三乌鸦，佐证了假突破见顶，之后股价最大跌幅高达 48%。

4. 断头铡刀

股价在高位某一个区间内反复整理，均线缠绕在一起运行。某日突然出现一根放量大阴线，连续击穿 5 日、10 日、30 日多条均线。从盘面上看就像一把铡刀斩断了股价的上升之路，这样的 K 线被称为"断头铡刀"，这种 K 线多出现在大盘或股票价格的顶部或阶段性顶部，是一种典型的见顶信号。"断头铡刀"若出现在日 K 线图中，表明短期趋势已经走坏；若出现在周 K 线图中，则表明中长期走势即将见顶，如图 6-52 所示。

图 6-52 所示个股在一段翻倍的涨升行情后期，高位震荡并出现多根高位巨阴量，有明显的筑顶迹象。一根放量大阴线连续下穿 5 日、10 日、30 日多条均线，均线系统开始向下掉头，出现破位走势，说明空方力量的强大，当现了"断头铡刀"这种见顶信号之后，股价开始一路下跌。

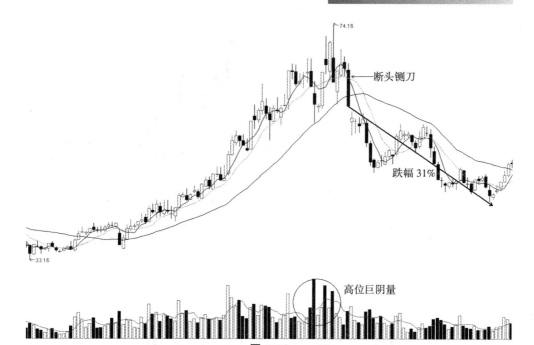

图 6-52

5. 高位孕线

孕线由两根 K 线组成，第一根 K 线是大阳线，第二根无论是阴线还是阳线，都会被前根阳线全部包含。这种 K 线形态若出现在高位，表明多方力量开始减弱，空方抛压加重，是一种见顶信号。如果第二根 K 线是十字星，又称为十字胎。高位十字胎是特殊的孕线，若带有巨量则预示着反转的可能性更大，如图 6-53 所示。

图 6-53 所示个股飙升到高位后，末日放出巨量，封涨停失败，次日出现一根螺旋阴线，之后股价随之见顶，一个月最大跌幅 25%。

6. K 线平顶

在上涨趋势中，当某根 K 线的最高价与后面一根或几根相邻 K 线的最高价相同，这就是所谓的平顶。平顶是一种市场逆转信号，预示着股价见顶回落的可能性极大，特别是 K 线为射击之星、吊颈线、顶部穿头破脚等，下跌力量非常巨大，可以考虑融券卖空。

如图 6-54 所示，该股在短短 3 个月多的时间里接近翻倍，涨幅巨大；在加速冲顶的过程中明显出现量价背离；两根平顶十字星见顶，下一根中阴线确认转

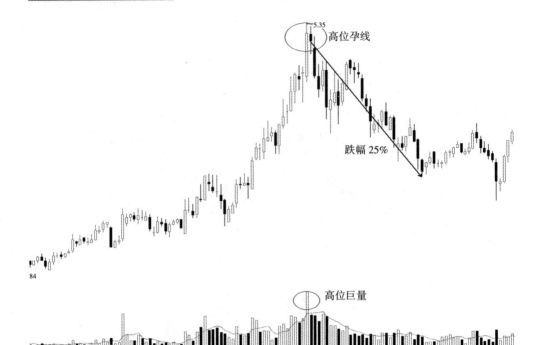

图 6-53

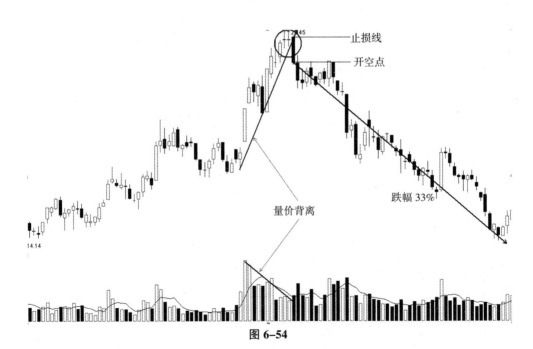

图 6-54

势；融券卖空点可选择在下一根中阴线收盘的位置，止损在该中阴线的最高点。最大获利超过 30%。

7. 黄昏之星

黄昏之星出现在一段上升趋势后，是比较明确的反转信号或中短期的回调信号。黄昏之星由 3 根 K 线组成，第一根 K 线为承接前期上升走势的大阳线，买盘强劲，显示升势持续。第二根 K 线可为一根十字星或纺锤的小阳线或小阴线。第三 K 线为卖盘强劲的大阴线。阴线实体较长，深入到第一根 K 线实体之内，如图 6-55 所示。

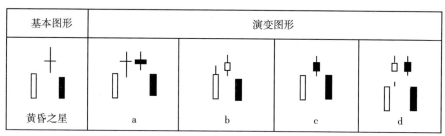

图 6-55

黄昏之星如果具有一些参考性因素，则构成顶部的概率会更大。这些因素包括：

（1）第二根 K 线为长影十字星或射击之星。

（2）在星体 K 线的实体与第三根 K 线的实体之间存在价格跳空。

（3）第三根 K 线的收盘价收在第一根 K 线的实体之内（最低应大于 50%）。

（4）如果第一根阳 K 线的成易量较小，而第三根阴 K 线的成易量较大；或者第一根阳 K 线的成交放出巨量，而其他两根 K 线缩量明显。

图 6-56 所示个股形成了一个双顶结构，第二个顶是一个黄昏之星形态，是对顶部的二次确认，股价之后跌幅达到 20%。可以在阴线 A 的收盘价开空，止损在其最高价。

（二）常见的下跌中继 K 线信号

1. 下降三法

下降三法又称下降三部曲，下降三法是由五个交易日的 K 线组成的。第一个交易日的 K 线是一根实体较长的大阴线，之后三天的 K 线分别是三根呈逆市上升趋势的小阳线，第五个交易日又重新拉出一根实体较长的大阴线。表示股价筑底尚未完成，股价将继续下滑，如图 6-57 所示。

图 6-56

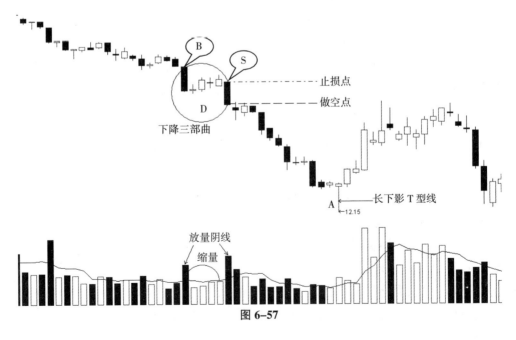

图 6-57

（1）形态与特征描述。

1）下降三法出现在下跌趋势中，第一根大阴线即意味着股价的运动方向。

2）在第一根大阴线之后出现了三根实体较小的阳线。三根 K 线呈上涨走势，但实体不大，多是十字星或带有长上影的小阳线；三根小阳线实体全部位于第一根大阴线的高、低价范围内；这几根小阳线反映出在下跌趋势中多方奋力反抗，企图拉升股价。

3）第五天则又出现一根大阴线把前面三根小阳线全部吞噬，这根大阴线的收盘价一般会接近或超越第一天的收盘价；这根阴 K 线宣告了股价结束了暂时性止跌，将重新延续原来的下跌趋势；同时表明了多方脆弱的抵抗不堪一击，空方即将展开新一轮的攻势。

4）下降三法也会出现多种变形：夹在中间的小阳线可能有 4~5 根；中间某根阳线的实体可能较大，但成交量不佳；尾阴线 K 线可能有跳空向下缺口等。

（2）融券操作要点。

下降三法是非常可信的中继做空信号，头尾两根阴线的成交量越大、K 线实体越大、有向下跳空、高开低走等情形都是空方的加分项，意味着股价继续向下的信号就越强。

融券开仓点在第五根阴 K 线收盘附近，止损点可以设置在这根阴 K 线的高点处。

在图 6-57 中，区域 D 是一个下降三法的看空组合，组合中的阴线 B 创出回调新低之后是 4 根小阳线止跌反抽，但成交缩量，反抽的力度较小；空头再次发力，收出阴线 S，并直接创出新低。可以在 S 收盘价附近开空，止损线设置在其最高价。我们之后看到的是一波很流畅的下跌走势，直到长下影 T 型棒线 A 出现，有短线止跌的意味，可以回补空单。

2. 两阴夹一阳

两阴夹一阳的 K 线组合由两根较长的阴线和一根较短的阳线组成，且阳线夹在阴线之中。两阴夹一阳常出现在下跌途中，表明虽然卖方遇到买方的抵抗，但还是挡不住卖方的力量，股价将继续下跌，如图 6-58 所示。

（1）形态与特征描述。

1）两阴夹一阳出现在下跌趋势中，第一根大阴线即反映出股价的下跌趋势。

2）第二天收出反弹阳线，一般量能不大，实体也不长或者实体虽长而成交

图 6-58

量却明显萎缩，多方做多意愿并不强。

3）第三天股价再度下跌收阴线，并创出新低，将抢反弹的筹码一网打尽，空方又彻底掌控了大局。

4）两阴夹一阳有许多种变形：两阴夹一阳中的阳线也可以是十字小阳线；有时出现两根大阴线夹一两根小 K 线，K 线可阴可阳，也可以是十字星，股价上下波动很小；如果三根 K 线均呈跳空下降形态，则显示看跌意味更盛。

（2）融券操作要点。在下跌趋势中出现两阴夹一阳，形成空方炮的形态，也是常见的中继做空信号。融券投资者可择机开出空单。

融券开仓点在第三根阴 K 线收盘附近，止损点可以设置在这根阴 K 线的高点处。

图 6-58 所示个股出现走出了一个小双头的结构。阴线 A 跌破颈线 N，次日的小阳线基本上包含在 A 的下影线内，之后是一个带有较长上影线的中阴线 B，并创出调整的新低，显示出跌势未尽，这三根棒线形成一个典型的空方炮的看空组合（圆圈所示区域）。可在棒线 B 的收盘价附近融券卖空，止损线设置在其最

高价即可。

3. "大阴吞噬"

大阴吞噬又称为"空头吞噬"，由两根K线组成，前一根是较短的阳线，后一根是较长的阴线，并且阴线的实体部分将前一根K线上下完全包容。"大阴吞噬"出现在下跌过程中，表明空方的力量仍在宣泄，如图6–59所示。

图 6–59

（1）形态与特征描述。

1）"大阴吞噬"出现在下跌趋势中。

2）"大阴吞噬"是由一根或多根阳与一根大阴线组合而成。

3）在研判"吞噬形态"时，首先考虑形态线与前置线实体的相对长度，一个完美的"吞噬形态"是由一根大阴线"吞噬"一两根小阳线或十字星。因为上升途中出现实体很小的阳线，本就显示上攻动能的钝化，特别是十字线之后的空头吞噬，看跌信号更为强烈。

4）判断"大阴吞噬"做空信号的强弱，有几个参考性要素：阴线的实体越长，空头的力道越大；大阴线"吞噬"的K线的数量；大阴线的成交量的大小；

若是高开低走或跳空低开的秃阴线，显示了空方完全成为主导，杀伤力更大。

（2）融券操作要点。融券开仓点在这根"吞噬"阴线收盘附近，止损点可以设置在其高点处。

图6-59中，一根高开低收的放量秃阴线A，"吞噬"了前三根弱势小阳线，若在A收盘价附近开空，之后便是一段畅快淋漓的下跌，6个交易日幅度超过24%。

4.向下错位线

错位线是一种较为急势的短线反转形态，它可以分为向上错位线与向下错位线。向上错位线为前阴后阳的组合，后面一根大阳线高开高走，收盘价高于前一大阴线的最高位，多出现在上涨趋势中，是结束调整，继续上攻的做多信号。向下错位线为前阳后阴的组合，后面一根大阴线低开低走，收盘价低于上一根大阳线的最低位，多出现在下跌过程中时，是主力资金反手做空的信号，预示下跌行情仍将继续，可以择机融券开空，如图6-60所示。

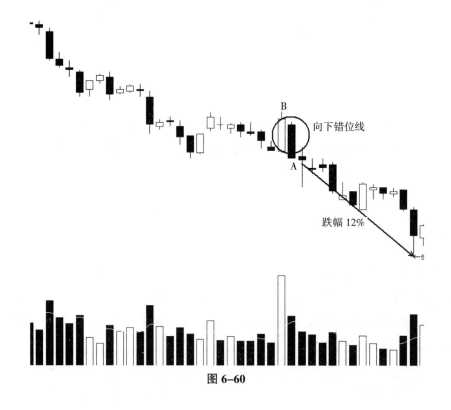

图6-60

图 6-60 中的个股处于下跌趋势中，一根放量长阳线 B 出现，的确有止跌意味，但下一交易日即被空方杀个"回马枪"，一根低开低收的大阴线 A 完全将长阳覆盖；棒线 A 与 B 形成向下错位的 K 线组合，可以看出长阳线 B 只是短暂的止跌假象，主力反手做空收出大阴线 A，正进行较大力度的出货操作，预示着后市仍有下跌空间，若于 A 处做空，短线跌幅有 12%。

二、跌破重要趋势线（支撑线）融券卖空

（一）跌破上升趋势线

融券交易操作建议：

（1）股价向下突破上升趋势线 L，则可以融券卖空（见图 6-61 空点①）。止损可设置在趋势线上方 3% 左右的位置，或是前高点 A。

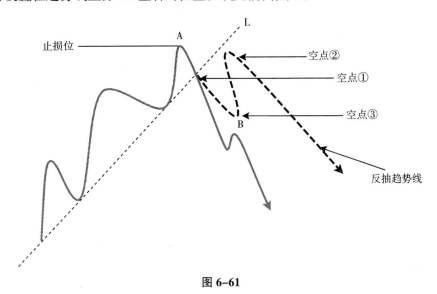

图 6-61

（2）价格向下突破后，若股价无量反抽上升趋势线——这时上升趋势线成为阻力线，测试压力有效，遇阻回落，出现做空信号，也是一个较好的卖空点（见图 6-61 空点②）。反抽夭折后股价再次向下跌破前低点 B，表示跌势任将延续，在 B 位置附近也可开空（见图 6-61 空点③）。

（3）若是在上升趋势反转为下跌趋势，根据跌破上升趋势去寻找做空的机会，不是很好操作。因为趋势的反转很难，多空博弈非常剧烈，易产生大幅震荡或是假突破，极易扫止损；也可能只是上升趋势中的一个次级折返趋势，操作不

好会被轧空。在这种背景下跌破上升趋势线，我们可以将之看作为股价见顶的一个警讯，要想安全而有效地放空，最好是待头部出现，反转信号明确后再出手。

（4）若是在下跌趋势中出现了一波反弹走势，股价一旦跌破这波的上升趋势线，同时出现量价背离或巨量成头等看空信号，往往意味着反弹的终结与下跌的重启，此时择机开空，收益风险比无疑要高得多。原因很简单，大趋势是下跌，开空即是顺势而为而已，如图 6-62 所示。

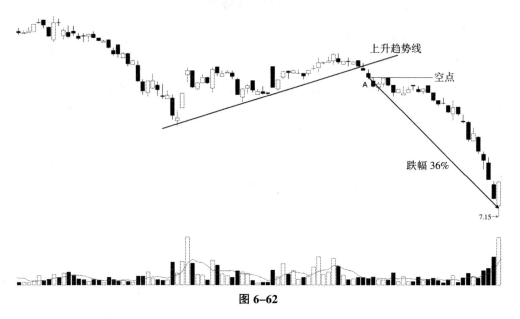

图 6-62

（二）下跌趋势中的弱势横盘震荡

融券交易者要多研究下跌趋势中反弹的结构和形式，如果是快速而猛烈的上升，反弹一般不会轻易结束；如果只是弱势横盘——所谓弱势横盘就是价格上下波动幅度较小，K 线实体不大，阳线少，实体小，多收长上影；阴线多，实体较大；成交量也萎缩；盘面沉重，多方抵抗无力，只是被动地防守，几乎没有进攻的迹象，即使有反抽也是软弱无力。空头只要一根中阴线便可将多头的防线撕碎。一旦支撑被跌破，就是融券开空的良机。这种下跌弱势抵抗形态是笔者最为推崇的一种融券卖空模式。因为首先是下跌中开空单，是顺势而为；其次，弱势抵抗显示了多方的无力，空头明显强于多头，一旦破位，股价便溃不成军，融券卖空安全而有效。

股价向下突破支撑线线 L，则可以融券卖空（见图 6-63）。止损可设置在趋势线上方 3% 左右的位置。

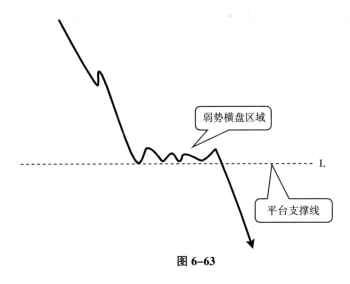

图 6-63

实例示范：

图 6-64 所示个股在下跌过程中，收出巨量阴线 A，之后跌势趋缓，构筑了一个小的整理平台，期间股价振幅不大，成交缩量明显，多方上攻无果，依托着

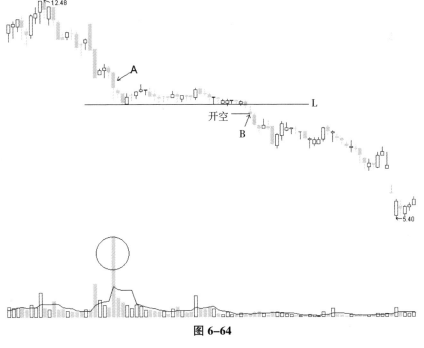

图 6-64

L 线的支撑，呈弱势抵抗形态。但是，某日空头陡然发力，打破了弱平衡。阴线 B 向下跳空开盘，有一定幅度的上影线，意味着盘中多头反击失败，是空头的"集结号"，股价将再次新一轮下跌。阴线 B 即为空头延续的标志性 K 线，在其收盘价附近可融券卖空，收益可观。

三、跌破中长期重要均线

中长期平均线（60 日、120 日）代表中期走势，一旦有效跌破，往往意味着中期下跌趋势已经形成，短期下跌趋势很难逆转，调整的时间将是漫长的。这些下降的重要均线具有较大的压力，因为当股价涨回至 60 日线或 120 日线附近时，前期大量套牢的投资者看到解套有望，大家争先卖出，就形成强大的解套卖压，这样股价短期上攻的难度就相当大。在第一次股价跌至 60 日平均线时，经常会出现尾盘拉高的诱多假阳线，这是主力吸引了抢反弹资金介入、稳定散户持股信心，延长派发时间的伎俩，融券卖空可以择机入场。

图 6-65 所示个股在下跌过程中，60 日均线与 120 日均线被跌破后形成了明显的压力，多次遇阻回落。

图 6-65

四、三线死叉融券卖空

三线死叉指的是均线、成交量线、MACD 指标，三组图线在同一天或相隔一两天的时间里都出现死叉。具体为 5 日移动均线死叉 10 日移动均线，5 日均量线死叉 10 日均量线，DIF 线与 MACD 线死叉。股价在一段上涨后开始进入头部，有时会同时出现三线同死叉的现象，这通常是股价见顶回落的信号。该形态出现后，股价多有一跌，有时会伴随出现两阴夹一阳空方炮、断头铡刀和 MACD 下穿零位线等图形。"三线死叉"结合其他空头信号，也是融券开仓的时机，如图 6-66 所示。

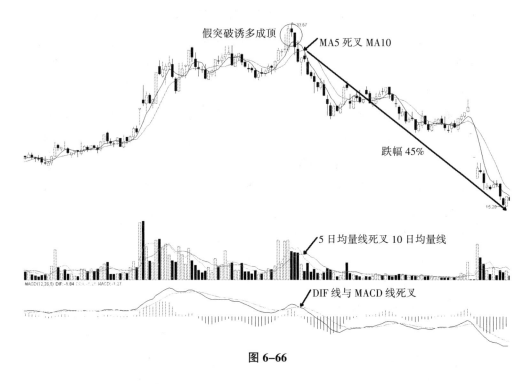

图 6-66

五、利用假突破融券卖空

"假突破"即股票市场常说的"骗线"，可以是向上假突破后反向的大幅下跌，也可以是向下假突破后，瞬间拉升。我们一般说得"假突破"指的是向上假突破。假突破诱多是主力机构刻意制造行情启动的假象，当股价突破前期头部、平台，这种假象往往被投资者认为新的上升空间已打开，可以介入做多（破位买入），或在回踩支撑线（见位买入）时进场。然而，随后却出现反向的快速打压，短时间内价格迅速回到突破之前的阻力位下方，并开始大幅反向下跌，令破位买入的全部套牢；甚至是开始了"多翻空"，股价大幅反向运动并引发一轮较大的跌势。"假突破"成为中期走势的转折点。这就是我们通常所说的"假突破、真反转"。

分析假突破，一是要看大盘所处的市场环境。若大盘处于弱势中，假突破往往是主力机构设下的"多头陷阱"；当大盘处于放量上升过程中或盘整后的突破阶段时，个股出现放量突破是真突破的可能性较大。二是看个股突破时若板块联动同时向上，则可信度较高。三是量能。股价在突破拉升的同时，量能却不能有效放出，量价背离；或者是成交量放出突兀的巨量而不能持续，这时要警惕假突破。四是看时间与 K 线形态。假突破一个显著特征是"快"，典型的假突破常常是价格在轻触突破位后，快速出现大幅度的反向运动，呈冲高回落之势，多出现长针见顶、射击之星等单日反转的 K 线形态。

主力机构利用"突破—上涨"这一投资者普遍的认识，在图形上制造整理形态的向上突破，甚至还有价升量增的假象，尤其在相对顶部阶段，其目的是吸引投资者跟进，拉高出货。如果判断出假突破，投资者宜及时离场或择机融券卖空。

利用假突破融券卖空的操作逻辑是：主力既然要玩假突破，则其真正的意图就是要拉高出货，拉高出货也意味着主力"去意已决"，股价后市大概率是要下跌，尤其是在市况不好的时候。在此情形下，出现做空信号便是融券的良机。

图 6-67 便是一个向上假突破见顶而反转向下的例证。

图 6-67 所示个股以涨停阳线 C 突破前高 L 一线，但 C 是尾盘封涨停，有诱多嫌疑，非奸即盗；长十字星 B 的成交量与 C 基本持平，明显放量滞涨；中阴线 A 走出之后，基本上可以确认 C 是假突破；且 A、C 之间的区域（圆圈所示的区域）是一个塔形顶结构；量能结构来看，明显的呈现量价背离的格局；可以在 A 收盘价附近融券开空，止损线可以选择在上一根 K 线的最高点，跌幅可观。

六、黄金分割在融券卖空中的应用

黄金分割率是宇宙中普遍存在的一种自然现象，应用在金融市场上，利用黄金分割比率进行的切线画法，可以判断股价回调幅度和反弹幅度的阻力与支撑位。在一大段行情发生逆转后，价格一般会向与此前相反的方向运动，出现止跌转升或是止升转跌，我们均以近期走势中重要的高点和低点之间的涨跌额作为计量的基数，将原涨跌幅按 0.191、0.382、0.5、0.618、0.809 分割为 5 个黄金分割点，股价在反转后将可能在这些黄金分割点位附近遇到暂时的阻力或支撑。

图 6-67

黄金分割率给出的压力和支撑一种是从跌势中的反弹判断压力，一种是从涨势中的回测来判断支撑。对于融券卖空而言，我们当然要关注下跌趋势中的反弹波，股价在这 5 个黄金分割点处遇阻回落存在做空机会。

首先，看股价在一段时间的下跌之前，是否已经呈现出阶段性头部的特征（应用顶部识别研判），只有确定头部才能应用黄金分割，这样的压力位分析才有效，否则，只是上涨趋势中的次级折返。

其次，看反弹力度。当反弹高度到 0.191 线处，便又重新下跌，则意味着这种反弹是极弱势反弹，股价未来创新低的概率大于 90% 以上；当这种反弹高度到 0.382 线处，就又重新下跌，则意味着这种反弹是弱势反弹，股价未来创新低的概率大于 70%；0.5 还是一处非常重要的反弹阻力位，当股价的反弹高度来到 0.5 线遇阻回落，则预示着这种反弹是下跌途中的中级抵抗，该股的弱势股性已经有转强的迹象，虽然下跌行情尚未结束，但后市创新低的概率会小于 50%；当股价强势反弹至 0.618~0.809 线处时遇阻回落，则该股的股性很大可能已经由弱转强，股价的下跌趋势将趋缓，后市创新低的概率已不大，更大的可能是下跌行情转向横向运动或是回探至这波反弹空间的 0.5 一线。

再次，黄金分割法只是提供了几个较难被突破的阻力位，我们融券开仓则需要等待在这些位置附近出现明显的空头信号，确认该阻力位是否有效再做出投资决策，而不是一到阻力位就开空。

最后，使用黄金分割线分析法融券卖空，尽量回避有资金明显运作的个股，这是因为黄金分割率有其深刻的自然属性，如果有太多人为操作的因素，在股价测试压力时，容易出现偏差。所以，使用黄金分割线分析法融券卖空，我们重点选择一些流通盘中型的个股。

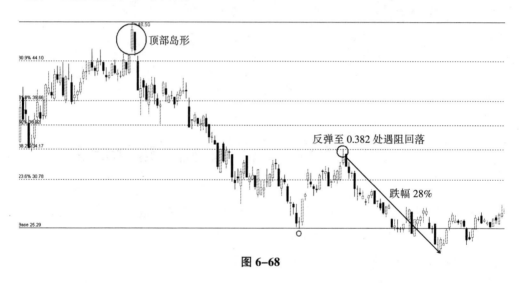

图 6-68

图 6-68 所示个股顶部岛形（圆圈所示的区域）反转见顶，下跌至 O 点出现止跌信号——晨星，即出现一小波反弹，但反弹至下跌波的 0.382 处遇阻回落，出现一个阴包阳的看空组合，随之反弹夭折，继续下跌之路，跌幅接近 30%。

注意：本小节所述之融券卖空的其他工具，实际上是一些常见的看空信号，在实际融券交易操作时，建议不要单独使用，要多角度研判，多信号对应、多因素共振，谨慎开仓。

第七章　融券卖空与当日冲销

借助融券的做空功能，我们可以进行"当日冲销"的操作——变相的"T+0"交易。"T+0"交易就是证券成交当天办理好证券和价款清算交割手续的交易制度。通俗地说，就是当天买入的证券在当天就可以卖出。"T+0"交易制度曾在我国股市实行过，但由于它的投机属性加大了市场波动；所以，自 1995 年 1 月 1 日起，改为"T+1"交易制度，即当日买进的股票和基金，要到下一个交易日才能卖出。

在 2015 年 7 月之前可以通过"T+0"实现日内冲销，获取价差收益。但是，为了抑制短线高频交易，降低市场波动性，2015 年 7 月 1 日，沪深交易所修订了融资融券交易实施细则，明确规定投资者在融券卖出后，需从次交易日起方可偿还相关融券负债。这就使融券"卖出+还券"的投资方式增加了交易成本（隔夜利息）与市场风险（主要是标的股票次交易日停牌等突发事件）。但是，我们认为，仅一天的融券利息相对来讲是可以忽略不计的，同时突发事件也毕竟是小概率事件。因此，利用融券的"卖出+还券"的盈利模式还是很有操作价值的。另外，一日的股价走势相对来讲比较好判断。

当日冲销可以先买进、后融券卖出同品种同数量的股票，也可以先融券卖出、后买进同品种同数量的股票。先买进、后融券卖出时，融券的动作称为反向冲销。同理，先融券卖出、后买进时，则买进的动作称为反向冲销。

当日冲销的操作意义在于"先买进+后融券"与"先融券+后买进"方式，锁定当日赚取的波段利润，或是锁定当日的止损额，防止亏损扩大。

一、利用融券卖空锁定当日利润

利用融券的当日冲销模式可以锁定当日波段利润，有看涨与看跌两种操作方式。这种模式实际上就是通过"一买一卖"同品种同数量的股票锁定固定利润，后市股价涨跌均对收益无影响。

（一）看涨模式

看涨模式可以分为 4 步操作（见图 7-1）：

（1）首先判断某只股票 A 当日具有上涨趋势。

（2）在信用账户里，选择当日低点买进股票 A。

（3）当股价涨至某一高位，融券卖空相同数量的股票 A 进行对冲。

（4）次交易日即"T+1"日，选择"现券还券"（与价位无关），归还融券负债。

图 7-1

图 7-1 所示个股的走势图中，假设我们在股价突破早盘高点 H 即涨幅 4.2% 时，买进 N 股股票；当股价上冲涨停未果回落后，在 S 点即涨幅 9% 时，融券卖空 N 股股票，在次交易日选择"现券还券"，归还融券负债，即可锁定当日波段收益（不考虑交易成本）：9% – 4.2% = 4.8%。

（二）看跌模式

看跌模式可以分为 4 步操作（见图 7-2）：

（1）首先判断某只股票 A 当日具有下跌趋势。

（2）选择在某一高位，融券卖空一定数量的股票 A。

（3）在信用账户里，选择当日低点买进相同股票 A 进行对冲。

（4）次交易日即"T+1"日，选择在现券还券（价位无关），偿还融券负债。

看涨与看跌模式的区别在于一个先买后空，一个先空后买。

如图 7-2 所示，个股低开之后略有反弹，但尚未触及昨日的收盘价，弱势明显。假设我们在股价跌破开盘价即跌幅 -1.3% 时，即在 S 价位融券卖空 N 股股票；在临近收盘时股价如期跳水，我们可以在 B 点即跌幅 -4.3% 时，回补（买进）N 股股票，在次交易日选择"现券还券"，归还融券负债，即可锁定当日波

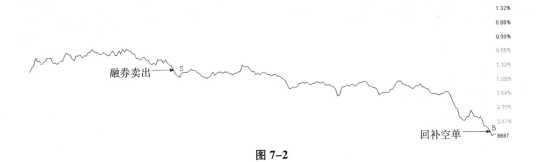

图 7-2

段下跌收益（不考虑交易成本）：4.3% - 1.3% = 3%。

二、利用融券卖空及时停损

操作失误时，利用融券的当日冲销模式可以规避损失扩大的风险。因为我国股市实行的是"T+1"交易模式，当日买进的股票当日不能卖出。若投资者某日买进股票后，该股突然"跳水"，形态走坏，我们可以融券卖空同数量的股票，回避次交易日的股价下跌风险。若是融券卖空后本想获取下跌收益，岂料股价走强，与预期相左，为避免融券损失扩大，可以买进同数量的该股来当冲，变相实现日内止损。这种模式实际上就是对买进的股票或是融券的股票实施了当日停损操作，通过"一买一卖"同品种、同数量的股票锁定亏损额，后市股价涨跌均无影响。

（一）做多停损

做多停损模式可以分为 4 步操作（见图 7-3）：

（1）信用账户里买进股票 A。

（2）股价跳水下跌，判断失误，多单被套。

（3）融券卖空相同数量的股票 A，进行对冲，锁定小幅亏损。

（4）次交易日即"T+1"日，选择"现券还券"（价位无关），偿还融券负债。

图 7-3 中，所示个股上午走势尚可，假设我们在 B 点即涨幅 2% 时，买进 N 股股票，但股价在尾盘放量跳水，股票被套，为了避免次日延续跌势，可以在 S 点即跌幅-0.7% 时，融券卖空 N 股股票；在次交易日选择"现券还券"，归还融券负债，认赔出局，锁定了当日亏损（不考虑交易成本）：2% + 0.7% = 2.7%。

图 7-3

（二）融券停损

融券停损模式可以分为 4 步操作（见图 7-4）：

（1）判断股票 A 有可能下跌，融券卖空一定数量的该股票。

（2）股价不跌反涨，融券浮亏。

（3）在信用账户里，买进相同数量的股票 A 进行对冲，锁定小幅亏损。

（4）次交易日即"T+1"日，选择"现券还券"（价位无关），偿还融券负债。

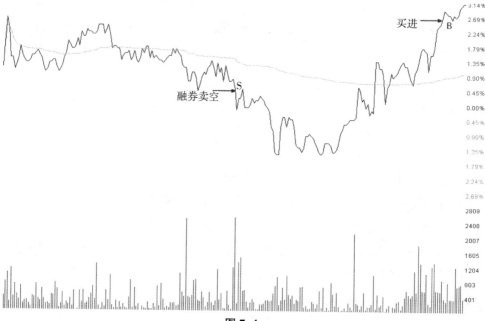

图 7-4

做多停损与融券停损模式的区别在于一个是"先买后空"，另一个是"先空后买"。

图 7-4 所示个股在上午尾盘有走弱的迹象，假设我们在当日跌破新低点（S点），即涨幅 0.45%时，融券卖空 N 股股票来博取一波下跌受益；但事与愿违，下午股价止跌走强，成交量明显放出，空单被套，为了回避次日股价继续反弹，我们在涨至全天高点（B点）处，即涨幅 2.6%时，回补（买进）N 股股票；次交易日选择"现券还券"，归还融券负债，认赔出局，锁定了融券损失（不考虑交易成本）：2.69%-0.45%=2.24%。

三、当日冲销的基本操作原则

（1）这种盈利模式适用于震荡市中，通过"低买高空"或是"高空低买"，赚取日内价差波动收益，可以屏蔽隔夜风险，适合短线投机客的操作风格。

（2）当日冲销模式非常适合于盘感较佳，并且有执行力的短线投资者，他们可以通过大盘的节奏、板块的异动、量价的变化，捕捉盘中的日内波段；以当日冲销方式，锁定日内短线价差，有赚即盈，落袋为安。对他们来说，抓住一根 K线的上影线或下影线便可实现目标利润。例如，追买一只强势个股后，股价如期大幅拉升，在高位融券即可锁定可观的收益。如果某些板块盘中走弱，及时融券放空，在低位买进便可将下跌波段的利润收入囊中。

（3）当日冲销操作重势不重价。交易时不能过于注重价格，因为价格的高低是相对的，而趋势、板块的异动、资金的流向、成交量才是关注的重点。在量价齐升，板块联动时，要敢于追价买入，而不用太计较价格。同样，在一波明显的下跌趋势中，融券卖空时不必理会价格多低。

（4）操作要迅速和果断。当投资者确认当日趋势后，不要因为贪图价格的高低而犹豫。若是买入价设置过低、卖出价设置过高，很可能失去获取一大段波段走势，应尽可能保证建仓成交。

（5）可以对日内指数 ETF 进行多空操作，操作 ETF 的优势有：①指数 ETF买卖不收取印花税、过户费，交易费用相对低廉；②选择指数 ETF 可以避免难以选股；③指数 ETF 的券源相对充足些。

（6）个股因突发消息面的原因出现剧烈波动，绝对是一个很好的当冲获利机会。

（7）买进多头仓位可以使用融资做多，加大杠杆，提高资金使用效率，扩大收益。

（8）需要注意的是，这种当日冲销模式不是无风险套利，只是通过多空反向操作，锁定当日投资收益，避免利润回吐或是亏损扩大。盈利的根本还在于投资者对于大盘和个股的走势判断，因而需要承担相应的市场风险，需要根据自身风险控制能力和投资能力量力而行。

（9）因为 A 股有涨跌停限制，涨跌停股无法操作；涨跌幅超过 5 个点时，当冲交易要慎行。

（10）操作之前必须注意标的股票是否有券可融，需预留足够的融券额度。

《专业投机原理》一书中论述了当日冲销的交易方法，其中提到的几条交易守则值得我们借鉴。

（1）不可过度交易。

（2）不可把亏损带回家。

（3）不理想的交易头寸不可加码。

（4）不可让获利演变为亏损。

（5）交易前，务必先决定你的停损位置。

（6）不可以成为单方向的交易员，务必保持弹性。

（7）在适当的情况下，可以追加获利的头寸。最佳的买进与卖空时机是整理或交易区间被突破的时候。

（8）除非行情非常活跃，否则不要在交易时段的中间突然插进交易。

（9）每个头寸都必须设定止损点。

（10）当你建立新头寸而在涨势中买进或跌势中卖空时，务必谨慎。

（11）务必控制自己的情绪，包括恐惧、贪婪、期待、焦虑、草率、陶醉与谬误的自尊。

（12）保持耐心。

（13）迅速认赔，并让获利头寸持续发展。

（14）如果你没有把握，不要交易。

第八章 融券卖空的套利交易策略

一、套利交易的概念

套利交易也叫价差交易，是指在某种实物资产或金融资产（在同一市场或不同市场）具有两个不同的价格，低价买进，高价卖出，并在未来某个时间将两个头寸同时平仓，从而获取无风险收益的交易方式。套利交易的特点是风险性较小，收益较稳定，但交易机会不多。

套利交易的原理是：两种资产的价格差或比率存在一个合理的区间，即使两个价格的运动暂时偏离这个区间，它们迟早会重新回到合理对比关系上。套利交易就是利用两种资产价格偏离合理区间的机会，建立多空头寸，以期在未来两种资产的价格回归均衡水平后，了结所有头寸从而获得价差利润。所以，套利交易的实现条件有两个：一是存在价差；二是操作同步。

套利机会的多寡，与市场的有效程度密切相关。市场的效率越低，套利机会越多；市场的效率越高，套利机会越少。绝好的套利机会很少频繁出现，可遇而不可求；特别是当前全球金融交易电子化，套利机会稍纵即逝，需要用电脑交易系统的交易速度来捕捉机会。

融券套利是一种稳定盈利的交易模式。融券卖空的套利交易策略就是在融券卖空标的股票的同时，在另一市场或金融工具上建立有关联的多头头寸；当组合投资中两种价格回归均衡水平后，即可锁定套利收益。

二、常见的六种融券套利模式

（一）股票与权证的融券套利交易策略

融券与权证套利模式是买入认购权证的同时，融券卖空正股，获取套利收益。对于具有行权价值的到期价内认购权证，在融券卖出权证对应的标的股票的同时，买入对应数额的权证，并于行权日行权，将标的股票偿还融券负债。该策略获得的套利收益为正股价格与通过权证行权获得股票成本之差。

前提条件：认购权证出现折价－正股价格＞每份股票权证价格＋行权价

操作策略：①买入权证；②融券卖出正股；③持有该组合直至权证到期；④行权买入正股；⑤偿还融券负债。

套利交易之获利空间：正股价格－（每份股票权证价格＋行权价）

如果在持有组合的期间里，认购权证的折价空间在缩小（权证升值），或是回归零值甚至出现溢价，则可以卖出权证、同时买入正股归还融券负债，提前实现套利收益。

我们拿 A 股市场上最后一只权证——江铜认购权证为例。

江铜认购权证行权比例为 1：0.25，行权价为 15.33 元/股，2010 年 9 月 27 日起江铜权证进入行权期。

假设某投资者以江铜权证最后交易日收盘价格 2.776 元买入 4 份权证，其行权认购江西铜业的成本为 2.776×4＋15.33＝26.43 元。同日，江西铜业 A 股收盘价格为 29.49 元，理论上若投资者次日（9 月 27 日）行权，将获得每股 3.06 元的利润或 11.56% 的收益率。但是，即使最早在 9 月 27 日行权，也只能在 9 月 28 日卖出。如果这两日大批的套利者行权，则股价有可能大跌，若股价跌幅度超过 11.56%，该投资者将会面临行权损失。

若该投资者利用融券与权证套利模式便可锁定这部分收益。

具体的套利操作方法是：

（1）9 月 26 日，以 29.49 元融券卖出 N 股江西铜业股票。

（2）同日，按 2.776 元/份买入 4N 份江铜权证。

（3）9 月 27 日，按 15.33 元/股的价格行权转股，获得 N 股江西铜业股票。

（4）9 月 28 日，以到账的 N 股江西铜业股票归还融券负债，实现每股套利收益 3.06 元。3 个交易日便可实现 10% 多的无风险套利（交易成本不超过1%）。

（二）股票与可转债的融券套利交易策略

利用融券，投资者可构造组合获取可转债套利。首先，我们必须清楚转股价值和转股溢价率两个概念。转股价值指的是可转债按照转股执行价格转换成正股后的当前价值是多少。用公式表示为：转股价值＝转股比例×正股市价。转股溢价率指可转债价格相对于转换价值的溢价程度，用公式表示为转股溢价率＝（转债价格－转股价值）/转股价值×100%。只要可转债的市场价格低于转股价值时，即转股溢价为负，投资者可以买进可转债，同时融券卖出转债对应正股，等到可转债进入转股期，将可转债转换成正股用于归还融券负债，便可锁定折价收益。套利的基本思路是"做多可转债，做空对应正股"，与权证套利原理类似。

转债溢价情况下，转债向转换价值回归只能有两种方式：要么转债的下跌幅度超过正股，要么正股的上涨幅度超过转债。转债在负溢价情况下，套利组合在非转股期也可以择机提前完成套利，在转股期内若处于折价状态随时可以行权套利。可转债的套利交易不一定要在可转换期才能进行，只要有套利空间存在都可以实施。如果溢价率变为正时，也可以归还融券负债，同时卖出持有的铜陵转债，提前实现套现收益。

以铜陵转债为例，铜陵转债的标的股票是铜陵有色，转股价格为 15.68 元，转股比例为 6.3776（100/15.68 = 6.3776），转股起始日为 2011 年 1 月 17 日。2010 年 12 月 31 日临近收盘时，铜陵转债市价为 201.49 元，铜陵有色股价为 35.05 元，溢价率为－9.86%，套利空间可观。假设某投资者此时投入 20.2 万元买入 1 千张转债（可转股 6.3776 × 1000=6377（股））；同时融券卖出铜陵有色正股 6400 股。

（1）2011 年 1 月 14 日，铜陵转债价格 180 元，溢价率变为正。铜陵有色价格 28.2 元，转股价值为 179.85 元，低于转债价格，此时提前实现套现收益，买入铜陵有色 6400 股归还融券负债，同时卖出所有的铜陵转债。若不考虑交易成本，该笔投资总获利计算如下：

融券获利：（35.05 － 28.2）× 6400 = 43840（元）

转债亏损：（201.49 － 180）× 1000 = 21490（元）

投资获利：43840 － 21490 = 22350（元）

（2）若在 2011 年 1 月 17 日实施转股，转股获得 6377 股铜陵有色，下一个交易日归还 6400 股的融券负债。实际上转股的这部分每股成本为 202000/6377=31.67（元），融券每股获利为 35.05 － 31.67 = 3.38（元）。若不考虑交易成本，该笔投资总获利为 6400 × 3.38 = 21632（元）。

"融券＋可转债"的套利模式实际上赚取的是转债波动率收敛产生的价值。在当前市场有效性逐步提高的背景下，套利的空间已很小，市场的盲点很难出现。

该套利模式有一定的市场流动性风险，若市场流动性不足，建仓平仓实际成交价会与预期价有较大的不利偏移，即市场冲击成本较大。

（三）股指期货与指数基金的融券套利交易策略

当股指期货出现折价时，可以通过买多股指期货，融券卖出对应的指数基金，获取套利收益。

假设，某日沪深 300 指数期货当月合约的结算价为 3520，沪深 300 指数的收盘价为 3720，期货折价 200 点。

具体的套利操作方法是：

（1）买多一手沪深 300 指数期货。

（2）同时融券卖空市值为 111600 元（3720×300）的沪深 300ETF。

（3）在当月交割日平仓多单并买券还券 300ETF，在不考虑交易成本的情况下，锁定套利的利润空间约为 200×300＝60000 元。

股指期货与指数基金融券套利的盈利模式需要的资金量较大，相对交易成本较高。所以，套利空间必须大于交易成本才可实行：①融券成本：300ETF 融券利息。②交易费用：包括指数期货、融券和买券还券的交易费用。③保证金的占用成本：包括股指期货的保证金和融券担保的保证金的占用成本。

（四）LOF 基金与分级基金的融券套利交易策略[①]

当 LOF 基金或分级基金出现折价时，可以通过融券做套利对冲，但前提是折价空间大于交易费用，这个交易费用包括 LOF 基金和分级基金买入的佣金、融券卖出的佣金，融券一天或二天的利息，LOF 基金和分级基金的赎回费用，买券还券的佣金，通常整体交易费用在 0.65%左右（赎回费 0.5%）。

LOF 基金的融券套利流程如下所述：

（1）T 日：发现 LOF 基金出现较大折价，而跟踪相同指数的 ETF 基金并没有出现折价，此时出现套利机会。如 160706（嘉实 300）折价，而 510300（300ETF）没有出现折价。

买入 LOF 基金，然后融券卖出对应的 ETF 基金。

（2）"T+1" 日：赎回 LOF 基金，收盘前买回 ETF 基金还券，完成套利操作。

分级基金的套利融券流程如下所述：

（1）T 日：发现分级基金出现较大合并折价，而跟踪相同指数的 ETF 基金并没有出现折价，此时出现套利机会。如 161812（银华 100）折价，而 5159901

[①] 本章节摘自《低风险投资之路》（徐大为著）一书。

（深100ETF）没有出现折价。

此时按比例买入分级基金的 A 类和 B 类，然后融券卖出对应的 ETF 基金。

（2）"T+1"日：完成 A 类和 B 类的基金合并。

（3）"T+2"日：分级基金的母基金到账，此时赎回分级母基金，收盘前买回 ETF 基金还券，完成套利操作。

基金折价套利，大多数时间无须融券对冲，因为 LOF 基金或分级基金持仓比较分散，不存在太大的波动风险，但是当分级基金低折时，由于75%以上的 A 类基金会折算成母基金，而大部分套利投资者会赎回母基金，如果该分级基金规模较大，会对"一篮子"股票造成较大的抛压，导致该基金跟踪的指数跑输其他指数，所以建议做分级基金低折套利，尽可能通过融券的方式来避免巨额赎回导致的指数走弱。

（五）期权与融券套利策略

我们可以通过卖出看跌期权与融券卖空正股构建套利模型。

投资者认为股价或指数有获利回吐的压力，短期看空标的个股或大盘，可以卖出看跌期权保护性卖空，在融券卖空正股的同时，卖出相应数量的认沽期权。

例如，投资者王先生融券卖空股票 A，10000 股，现价 13 元，同时卖出一份相应数量的看跌期权"A 沽 X 月 12.5"（权利金为 0.5 元/股，行权价为 12.5 元），这样可以收获权利金 $10000 \times 0.5 = 5000$（元），在不考虑交易费用的情况下：

（1）股票 A 如期大幅下跌，跌至 12 元/股，则：

1）融券空单每股盈利 1 元：$（13-12）\times 10000 = 10000$（元）。

2）看跌期权被行权，产生亏损：$（12.5-12）\times 10000 = 5000$（元）。

3）盈亏 $= 10000$（空单盈利）$+ 5000$（权利金）$- 5000$（行权亏损）$= 10000$（元）。

（2）股票 A 不跌反涨至 13.5 元/股，则：

1）融券空单每股亏损 0.5 元：$（13.5-13）\times 10000 = 5000$（元）。

2）看跌期权不被行权。

3）盈亏 $= 5000$（权利金收入）$- 5000$（空单亏损）$= 0$（元）。

投资者盈亏持平，可以选择清仓退出观望。

（六）大宗交易融券套利策略

一般而言，股东通过大宗交易平台减持股份，对接盘方会有一定幅度的让利。但是，如果交易日股价下跌幅度超过折扣，接盘方很可能面临投资损失。利用融券卖空实现折扣套利，接盘方可以规避"T+1"日后市场产生的不确定风险。

具体的套利操作方法是：

（1）T日融券卖出标的股票。

（2）收盘后通过大宗交易系统以折后价格买入同数量的该股票。

（3）T+1日以现券还券方式偿还融券负债，锁定折扣收益。

例如，2016年4月29日，保利地产发生大宗交易36万股，成交金额为291万元。假设某投资者于当日以8.95元（收盘前）融券卖出36万股保利地产，收盘后通过大宗交易系统以折价8.11元买进同数量的保利地产股票；次交易日偿还融券，不考虑交易费用，可以锁定约9.3%的无风险收益。

利用大宗交易融券实现套利的模式，常见的问题有几个：一是如果交易量比较大，券源难以保证；二是大宗交易的价格和数量一般都是买卖双方议价协商而成，信息不对称使买方找不到对手盘（卖方）；三是大宗交易需要的资金量较大，参与主力以机构投资者为主，不适合中小散户。

（七）事件驱动融券套利策略

事件驱动策略事件驱动策略（Event Driven Strategy）就是一种通过捕捉公司在发生特定事件时的机会，进行投资获利的策略。其前提是目标公司发生了某些特定或突发事件，包括分拆、收购、合并、破产重组、财务重组、资产重组或是股票回购等事件。由于事件本身的复杂性和结局的不确定性，导致相关公司证券的价格出现大幅波动。

因为想要在A股市场上利用融券来操作并购套利，标的公司必须都是上市公司，这是这种策略的特殊所在。现阶段两个上市公司并购，一般是以换股的方式即对价以收购公司的股票支付换股并购进行。换股并购可以避免庞大的现金支出和不菲的税收成本，目前成为A股并购的主流。在实际操作中，有两种套利模式：一是由于大多数换股收购案中的收购被并购的目标公司的股价涨幅会超过收购公司的股价涨幅，上涨公司股价会跌落而，因此可以在买入目标公司股票的同时卖空同市值的收购公司的股票，待两者涨幅差值可观时便可多空同时平仓，锁定此差值利润。二是当两者的股价比值严重偏离其换股比例时，意味着一方高估与一方低估，这时可以做空高估的一方同时做多低估的一方，待其比价回归其换股比例时，多空同时平仓，锁定收益。

第九章　融券卖空的多空对冲交易策略

一、融券对冲交易的特征

（1）对冲交易就是同时进行两笔行情相关、买卖方向相反、数量相当、盈亏相抵的交易。利用融券进行多空对冲交易就是做多一只或几只股票的同时融券卖空一只或几只股票，通过多空组合的价格变动幅度来获利。

（2）我们知道，证券市场交易的风险来自宏观层面的系统性风险与微观层面的个股风险。从某种意义上来讲，金融投资本质上是在做风险管理。单向交易想要取得成功，不仅要研判标的股票，还要重点关注大盘走向，而多空对冲交易则可部分或完全规避大盘的因素，不关心大盘和股票的绝对涨跌，而是专注于判断组合中多空标的股票之间的相对强弱。组合获取的是一种相对价值，即一方好于另一方的那部分。

（3）融券对冲的核心在于如何建立最优组合能够产生与市场指数无关的对冲收益，分别体现为：在大盘上涨时，多头收益＞空头损失；在大盘下跌时，空头收益＞多头损失。

（4）融券对冲策略的优势：①低风险：融券对冲交易可以剔除市场、行业等外部因素的干扰，只需要专注于判断个股之间的相对强弱，做多强势股的同时融券卖空弱势股，是一种低风险应用融券做空机制的投资方式。②对冲组合多样化：对冲组合既可以是单只个股，也可以是"一篮子"股票，也可以是股票与指数 ETF，股票与行业 ETF，也可以是指数 ETF 之间，也可以是行业 ETF 之间，也可以是指数 ETF 与行业 ETF，还可以是混合搭配。为了分散风险，可以配比多个标的，以减少一个标的判断错误带来的影响。③融券对冲交易策略无论市场上涨、下跌还是震荡的行情中都适用。特别是在熊市当中，投资者只能通过降低仓位规避风险，而融券对冲交易策略由于空头仓位的存在，在熊市当中依然能获取收益。④融券对冲交易策略更能够充分发挥投资者的选股技能，有些投资者有着很强的选股能力，但难以把握市场方向，也就是择时能力相对较弱。选股能力强的投资者可以通过做多强势股，融券卖出弱势股来规避市场风险，从而可以不考虑整体市场走势而利用自己的选股能力获利。⑤可以充分利用融资融券的交易规则，使用杠杆，优化资金占用，资金占用越少，组合收益率越高。我们可以以多头仓位加上部分现金作为抵押物，融券卖出空头头寸，利用尽可能少的资金构建多空组合。

（5）融券对冲交易的劣势：①多空对冲组合的交易头寸比单边交易要大，还有融资利息、融券利息会带来更大的交易费用。②根据收益与风险配比原则，融券对冲交易的风险低，收益率也低；融券对冲交易占用的资金量相对较大，总体收益率也相对较低。③有的对冲模式的组合建立需要程序监控标的的均衡关系，这对一般的投资者不适用。④当市场波动剧烈时，或某些标的出现非理性走势，组合可能发生亏损，甚至会出现多头下跌，融券上涨，"两头挨揍"的尴尬局面。⑤融券券源的短缺也制约着对冲组合的建立。

（6）一般而言，多空头寸维持在 1∶1，即组合的净头寸为零。在实际操作中，投资者可以依据市场走势与标的的强弱变化以及对价差变动趋势的判断来做改进和优化，不断动态调整多头仓位和空头仓位的比例，以扩大对冲收益。

（7）可以实施止损措施以降低投资风险。如果组合的多头标的弱于空头标的，造成对冲效果不佳，甚至与预期完全相悖，为了控制判断失误造成的损失，可以实施止损；建议将组合净损失不超过 5% 设为止损线。另外，如果由于特殊事件——出现大的利空或利好消息的干扰，造成亏损，应立即无条件止损平仓。

二、多空对冲交易策略

融券对冲交易本质是多空仓位的价差交易，我们根据多空双方价格波动率（价格变动幅度）的扩大或收敛来构建相应的两种交易策略。策略的关键是组合标的的选择与建仓时机。

（一）波动率扩大型

波动率差的扩大即可以通过做"多强势股+做空弱势股"的组合来获取相对收益，只要两者的波动率扩大的空间越大，获利空间亦越大。

若我们判断股票 A 跑赢股票 B 的概率较大，即大盘上涨时，A 的涨幅可能大于 B 的涨幅；大盘下跌时，A 的跌幅可能小于 B 的跌幅。也就是说，A 比 B 涨多跌少。这体现了股市的一大特性——强者恒强，弱者恒弱。我们可以买进一定市值的 A，同时融券卖出同市值的 B 来构建多空组合。

这种模式产生四种结果：

（1）做多的 A 上涨，做空的 B 下跌，多空头寸 A 和 B 同时获利，这是最优的结果，其概率约为 25%。

（2）做多的 A 上涨，做空的 B 也上涨。多头头寸 A 获利，而空头头寸 B 亏损，但对两只股票事前经过强弱的挑选，故做多个股 A 的上涨幅度会大于做空股个股 B 的上涨幅度，其概率约为 25%。

（3）做多的 A 下跌，做空的 B 也下跌。多头头寸 A 亏损，而空头头寸 B 获利，同样地，经过个股的强弱挑选，故做空的弱势股 B 下跌幅度大于强势股 A 的下跌幅度，其概率约为 25%。

（4）做多的 A 下跌，做空的 B 上涨。多空两个头寸 A 和 B 同时亏损，这是最差的结果，但由于事前都经过个股强弱的挑选，故两边都失误的概率小于 25%。

综合四种情况的结果，经过精选后的组合获利概率大于 75%。

对于多空的组合标的，我们既可以在同行业（板块）中选择，也可以在不同行业（板块）中选择。

1. 同行业同板块选择组合

一般来讲，同行业或同板块的股票关联度较强（相关性），有着齐涨共跌的现象。我们选择在同行业或同板块波动率扩大型多空组合，捕捉的是标的股票间价格均衡关系改变的时机。有两种组合模式：

（1）催化剂驱动。若个股出现催化剂事件——公告新项目投产、资产重组、收购优质资产、业绩预增、分析师大幅度调高评级、所在板块被资金关注成为热点等，我们可以在买进该股的同时，融券卖出同行业或同板块中的表现较弱的另一只个股。这样操作的原因是：①虽然上市公司公告利好消息，但股价受大盘影响——尤其是在大盘走势较弱的情况下，有可能走势不佳。②在公告出台之前，股价有可能已经涨了一段时间，提前反映了利好。若投资者此时单方向做多，不一定能够取得正收益。③如果判断该股未来的走势要比融券卖出的股票强，便可通过多空搭配，剔除大盘与行业的影响，获取多空两部分仓位的差额收益。

例如，某板块成为当前市场热点，如果投资者担心单一做多的风险，可以多强空弱，买入相对强势的领涨股 A，融券卖出相对弱势的跟风股 B，构建多空组合来获取 A 与 B 的差额收益。热点板块一般都有一两只领涨的龙头股，一波行情中，龙头股的涨幅可能是跟风股的一倍多。

人工智能概念在 2017 年的资本市场掀起巨大波澜。其中，人脸识别、智慧城市、无人驾驶、VR、机器视觉、AI 芯片等人工智能相关热点板块内牛股频出。科大讯飞、富瀚微、海康威视、圣邦股份等多只龙头股年内股价实现翻倍。海康威视是智慧城市、智能安防等细分行业的龙头，我们可以构建一个"多海康威视空大华股份"的多空组合，两者的 K 线叠加见图 9-1。

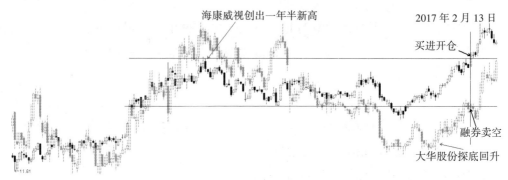

图 9-1

2017 年 2 月 13 日，海康威视股价创出近一年半的新高，而同时期的大华股份刚刚完成探底回升，明显前者较后者走势要强。据此，我们在该日收盘价附近买进一定数量的海康威视，同时以海康威视为担保品，融券卖空同市值的大华股份（海康威视折算率为 0.65，大华股份融券保证金比例是 0.6），这样可以提高资金使用效率，间接提高投资收益率。

如果我们在 2 月 13 日建仓，多空头寸均约为 27 万元左右（1 万股海康威视的市值），其中融券利息按 8.3%/年，交易手续费按 0.5‰测算（下同），组合收益如表 9-1 所示。

表 9-1

	2月13日		4月11日			5月12日		
	建仓价格（元）	建仓成本（元）	平仓价格（元）	平仓市值（元）	平仓盈亏（元）	平仓价格（元）	平仓市值（元）	平仓盈亏（元）
海康威视	27.14	271400	32.12	321200	+49800	38.9	389000	+117600
大华股份	14.23	271793	15.75	300825	−29032	17	324700	−52907
组合盈亏	—	—	—	—	+20768	—	—	+64693
组合月均收益率	—	—	—	—	2.34%	—	—	5.56%

如果我们在 3 月 13 日建仓（相同头寸），则组合盈利大幅度提高（见表 9-2）。

表 9-2

	3月13日		4月11日			5月12日		
	建仓价格（元）	建仓成本（元）	平仓价格（元）	平仓市值（元）	平仓盈亏（元）	平仓价格（元）	平仓市值（元）	平仓盈亏（元）
海康威视	30.18	271620	32.12	289080	+17460	38.9	350100	+78480
大华股份	16.4	272240	15.75	261450	+10790	17	282200	−9960
组合盈亏	—	—	—	—	+28250	—	—	+68520
组合月均收益率	—	—	—	—	7.36%	—	—	9.16%

为什么在 3 月 13 日建仓，组合效果大幅度优于 2 月 13 日？其原因就在于 3 月 13 日，两只标的股票的涨跌幅差距大，相对价差更大。因为我们做多尽可能价格低——低多，做空尽可能价格高——高空，遵循这一原则，多空组合开仓的时机最好选择在涨跌幅度差距大的时候，即做多标的的涨幅小而做空标的的涨幅大，或是做多标的的跌幅大而做空标的的跌幅小，或是做多标的的跌而做空标的的涨。而平仓则正好相反，我们选择在 4 月 11 日与 5 月 12 日平仓也是基于此，如图 9-2 所示。

（2）做多行业内低估股票或绩优股，做空行业内高估股票或绩差股。在某一行业或板块内，我们可以主要从基本面因素包括每股收益、每股净资产、每股净资产增长率以及动态市盈率等指标方面来研判，构建投资多空组合：做多相对低估值的个股，做空高估值的个股；也可以做多一只绩优股的同时融券卖空一只绩差股。如果未来市场上涨，低估值股和绩优股比高估值和绩差股涨得快；如果未

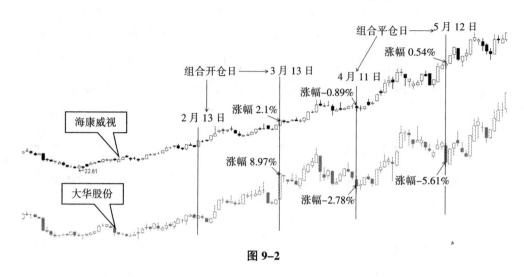

图 9-2

来市场下跌，低估值股和绩优股比高估值和绩差股跌得慢，两者波动率扩大的空间越大，则组合获取的相对收益就越大。

券商板块是相关性非常高的，我们可以做多其中的业绩高、市场形象好的一只或几只；融券卖空业绩较差的一只或几只，构建投资组合。

例如，我们选择业绩较好的，按流通盘大中小各选为代表，中信证券、华泰证券、中国银河三只券商股作为做多标的，业绩较差的太平洋、东方证券、东吴证券三只作为做空标的，构建多空对冲组合。假设多空头寸均约为 60 万元，标的股票仓位均等，则组合收益情况如表 9-3 所示。

表 9-3

	2018 年 1 月 2 日			2018 年 2 月 14 日		
	建仓价格 （元）	建仓数量 （元）	建仓成本 （元）	平仓价格 （元）	平仓市值 （元）	平仓盈亏 （元）
中信证券	18.44	10800	199152	17.63	190404	-8748
华泰证券	18.03	11200	201936	16.79	188048	-13888
中国银河	10.6	18800	199280	9.78	183864	-15416
多头仓位小计	—	—	600368	—	562316	-38052
太平洋	3.66	54700	200202	3.04	166288	+33914
东方证券	14	14300	200200	13.14	187902	+12298

续表

	2018 年 1 月 2 日			2018 年 2 月 14 日		
	建仓价格 （元）	建仓数量 （元）	建仓成本 （元）	平仓价格 （元）	平仓市值 （元）	平仓盈亏 （元）
东吴证券	9.8	20400	199920	8.37	170748	+29172
空头仓位小计	—	—	600322	—	524938	+75384
组合盈亏	—	—	—	—	—	+37332
组合月均收益率（剔除了交易成本）	—	—	—	—	—	3.8%

2. 跨板块选择组合

跨板块多空组合不考虑标的股票的关联度，只关注其走势的相对强弱。通过基本面、技术面、资金面、股性活跃度等多角度研判，多强空弱。只要组合标的相对强弱走势判断正确，投资者便可获利，这里重点考察的是投资者的择股能力。

跨板块多空强弱组合实际上是根据不同股票所处的波动周期差异而构建。同一时段，有些股票的波动周期不同，一些股票处于上涨周期而一些股票处于下跌周期。我们可以买进做多处于上涨周期的股票 A，同时融券卖空处于下跌周期的股票 B，多空组合的投资回报即为 A 好于 B 的那部分。至于如何选择融券标的，本书前文已有具体的阐述。

3. ETF 多空对冲交易策略

（1）个股与 ETF 多空对冲。投资者通过研究个股与 ETF 之间的走势关系，做多相对强势的标的，同时融券卖出相对弱势的标的，构建个股与 ETF 之间的多空组合。

例如，某投资者看好股票 A，认为 A 会明显跑赢指数，但是同时担心大盘下跌，导致股票 A 绝对收益仍为负，这时候便可在买进 A 的同时融券卖出相等市值的 300ETF，对冲掉大部分指数下跌的风险，获取"跑赢指数"的相对收益。说得通俗点，就是获得"好于指数的部分"。

我们还可以选取"一篮子"的股票，可以从医药、消费、环保、信息技术等行业选取代表性的股票或者是处于上涨周期的股票作为多头仓位，同时配置相同市值的沪深 300ETF 作为空头仓位以形成对冲组合。

同样的道理，如果投资者判断某只或几只股票处于下跌周期，未来跑输指数的概率大，则可以买进做多 300ETF，融券卖空同市值的这类股票。

（2）ETF 之间的多空对冲。市场的风格轮动为我们进行 ETF 多空组合交易提供了契机。投资者看多一只 ETF 的同时看跌另一只，或是认为一只 ETF 未来的走势强于另一只，即可建立一组多空组合。构建的组合开仓时多空部位市值最好一致。

例如，在 2017 年的结构性行情中，投资者可以做多 50ETF 的同时，融券卖出中小板 ETF，能够获取不菲的收益。如果投资者认为港股未来走势强于 A 股，便可以做多 H 股 ETF 或恒生 ETF，同时融券卖出沪深 300ETF。

我们还可以借助行业轮动，组建多空组合，当投资者看涨某一个行业，看跌另一个行业时，可以通过做多前者，同时融券卖空后者，构建 ETF 多空组合。

截至 2017 年底，共有 25 只 ETF 被纳入两融标的，未来会有更多行业 ETF 加入，投资者还可以构建 ETF 与子行业 ETF 之间的多空组合，获取对冲收益。

例如，某投资者认为 2018 年港股市场与 A 股市场可能都不乐观，其中港股要强于 A 股，但又不想冒单边投资的风险，则可以采取保守的操作策略，构建一个"多恒生 ETF 空沪深 300ETF"的多空对冲组合，即买进一定市值的恒生 ETF，同时融券卖空同市值的沪深 300ETF。若该投资者于 2018 年 1 月 2 日收盘价附近，买进一定市值的恒生 ETF，同时融券卖空同市值的沪深 300ETF；持有到同年 7 月 2 日，多单卖出平仓，多头头寸亏损 5.11%，空单回补了结融券负债，空头头寸获利 16.04%，对冲组合回避了两个市场的系统性风险，获得约 11% 的相对收益，如图 9-3 所示。

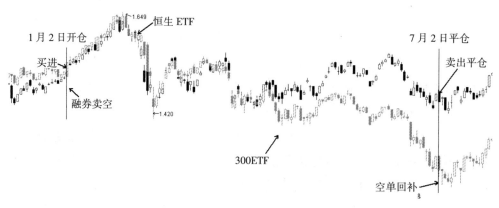

图 9-3

（二）波动率收敛型

波动率收敛型股票的基础是相关标的股价长期均衡关系的持续。同行业或同板块中，某些个股历史价格走势相似，即它们价格之间存在某种稳定关系；如果这两只股票都没有重大的影响股价的事件出现，可以认定这一均衡关系在未来一段时间内将延续。一旦这种均衡关系被打破，即两者的价格走势明显偏离正常范围时，便可做多价格走势相对偏低的股票，同时卖空价格走势相对偏高的股票，构成多空组合；当两者价格波动收敛，回归到正常水平时同时平仓，锁定价差收益。多空对冲来纠正相关标的的不合理价差。

需要注意的是：①在同行业或同板块中，组合的选取流通盘与经营业绩接近的个股，一般选取的同质性较高、风险特征相似的行业，如银行、保险、证券、航空、煤炭、钢铁。②标的个股未沾有任何市场题材和概念，也无任何利空消息，否则有可能造成收敛效果不佳。

工商银行与农业银行流通盘与市盈率都比较接近，两者长期走势非常接近，同质性与相似性都很高。从 2017 年 10 月中开始，两者的走势有背离的迹象，表现在工行强于农行，即两者的均衡关系开始偏离。在 2017 年 11 月 21 日，投资者可以构建一个"空工行多农行"的多空组合。在当日收盘价附近，以 3.83 元买进一定市值的农行，同时以 8.43 元融券卖空同市值的工行；持有到 12 月 8 日，两只标的波幅收敛，多单以 3.97 元卖出平仓，多头头寸盈利 3.6%，空单以 8.27 元回补，了结融券负债，空头头寸盈利 1.9%，则对冲组合回避了市场的系统性风险，在两周的时间便可获得约 5.5% 的相对收益。若持有到 2018 年 1 月 12 日，多单以 4.18 元卖出平仓，多头头寸盈利 9.14%，空单以 8.56 元回补，了结融券负债，空头头寸亏损 2.76%，则对冲组合获得约 7.6% 的相对收益，如图 9-4 所示。

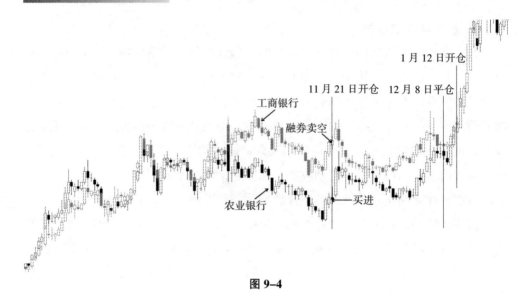

图 9–4